MW01709557

Le saumon fait recettes

À mon épouse et meilleure amie, Holly

Le Saumon fait recettes

Nick Nairn

HACHETTE

Sommaire

Introduction

Vous avez dit saumon ?

À la maison ou au restaurant, le saumon d'Écosse reste un mets de choix. Il semble d'ailleurs qu'aucun autre poisson ne se prête à autant de préparations et ne s'accorde avec autant d'ingrédients. Notre tâche la plus difficile pour réaliser cet ouvrage n'a pas été de réunir 100 recettes, mais plutôt de choisir celles à éliminer.

D'une certaine manière, le saumon est le fast-food par excellence, aussi rapide que facile à préparer. Pour certaines recettes, il a suffi de moins de dix minutes pour le présenter sur la table. Pour les grosses faims par exemple, le Saumon rôti au beurre citronné, aux tagliatelles et au persil (voir page 76) passe du réfrigérateur aux assiettes aussi vite que pour faire cuire des pâtes. Qui dit mieux ?

Le saumon se classe actuellement comme l'un des poissons les plus populaires en vente dans les supermarchés, et on comprend facilement pourquoi. Les rayons poissonnerie offrent des filets ou des darnes déjà parés et prêts à l'emploi, savoureux et d'une préparation simple… parfaits pour des gens très occupés. Servez du saumon lors de vos dîners de fête, vos invités se régaleront. Pour vos déjeuners en famille ou vos repas sur le pouce, faites-vous plaisir sans avoir besoin pour cela de dévaliser une banque !

Une alimentation équilibrée est aussi importante que le temps et le budget consacrés aux repas, et le saumon joue là encore un rôle essentiel. Excellente source d'acides gras oméga 3, qui contribuent à prévenir les maladies cardio-vasculaires, il apporte en outre des protéines de qualité et se prête parfaitement à tous les modes de cuisson santé : cuit à la vapeur, poché ou grillé, il conserve toutes les saveurs de la mer. Et, pour parler franchement, il vous suffit seulement d'une poêle à frire et de quelques gouttes d'huile de tournesol.

Saumon d'élevage ou saumon sauvage ?

Il y a une quinzaine d'années, le saumon sauvage restait encore un aliment naturel produit par les pêcheurs écossais. La population de saumons commence à diminuer vers le milieu des années 1980, probablement sous l'effet à la fois des changements climatiques et d'une pêche mal contrôlée. On constate alors une réduction des stocks de saumon sauvage et l'apparition de nombreuses fermes d'élevage sur la côte ouest de l'Écosse. Au début, la qualité de ces poissons ne valait pas celle des saumons sauvages, mais elle s'améliora rapidement. Comme dans tout type de production, les bons éleveurs fournissaient de bons poissons, notamment ceux des îles Shetland. Ces « fermiers de la mer » installaient leurs parcs d'élevage dans des zones de fortes marées, ils évitaient la surpopulation et ne forçaient pas la croissance des saumons. Leurs poissons se développaient à leur rythme et il leur fallait environ dix-huit mois pour atteindre leur poids adulte. La qualité était excellente, les prix restaient stables, et l'on trouvait du saumon pratiquement toute l'année. Tout le monde était satisfait.

Vers 1986, alors que le saumon sauvage se faisait à la fois de plus en plus rare et de plus en plus cher, le saumon d'élevage devint la norme et jusqu'à 1990, on peut affirmer que c'était vraiment un bon produit. Par la suite, les choses se gâtèrent.

Entre 1990 et 1995, la qualité du saumon d'élevage écossais déclina, beaucoup d'éleveurs voulant à tout prix rester compétitifs vis-à-vis des pays comme le Chili et la Norvège. Plutôt que de se battre sur le terrain de la qualité, les Écossais tentèrent aussi de baisser leurs tarifs et la quantité devint le mot d'ordre au détriment de la qualité. L'élevage intensif fut un désastre sur la texture de la chair et le goût du saumon, et provoqua de graves problèmes environnementaux.

Jusqu'alors enviable, la réputation de la production écossaise de saumons d'élevage commença à se ternir et tout le marché du saumon en fut affecté. Les dirigeants de certaines sociétés d'aliments pour poissons réalisèrent que si la situation ne s'améliorait pas, toute l'industrie de l'élevage du saumon risquait de disparaître, y compris leur propre activité. Ils rachetèrent alors de nombreuses fermes d'élevage aux îles Orcades pour y réintroduire des standards de haute qualité. Ils avaient compris que le saumon écossais ne devait pas tenter de rivaliser sur les prix avec les autres pays, mais plutôt sur la qualité. Les ressources naturelles de l'Écosse leur fournissaient l'environnement idéal pour cela.

Au moment où nous écrivons ces lignes, nous n'avons pas encore atteint le niveau d'excellence que nous connaissions il y a une douzaine d'années, mais on peut constater de grands progrès et trouver aujourd'hui du saumon écossais de bonne qualité à des prix raisonnables. L'élevage biologique aux îles Orcades représente l'une des avancées les plus significatives et l'on retrouve de plus en plus l'aspect et la saveur du fameux saumon sauvage.

Laissant augurer des jours meilleurs pour l'avenir de l'industrie du saumon, celui des îles Orcades prouve qu'il est possible de revenir à un élevage de qualité. Gageons que des initiatives comme celle-ci amélioreront rapidement le niveau de toute la production. Quand les autres éleveurs prendront conscience qu'il est possible d'offrir un bon prix pour un produit haut de gamme, toute l'industrie améliorera ses standards et la filière entière en bénéficiera.

Comment utiliser cet ouvrage

Vous avez acheté du saumon, mais que faire avec ? Les techniques de cuisson utilisées dans les pages qui suivent sont simples, et la première « recette » (voir page 12) décrit les plus courantes. Le reste de l'ouvrage se veut une source d'inspiration. Parmi les innombrables recettes de saumon, nous avons essayé de réunir dans ces pages les meilleures et les plus originales. Des plats très simples côtoient des préparations plus sophistiquées, combinant des méthodes classiques et des plus insolites. Peut-être n'avez-vous jamais dégusté une soupe au saumon ? Essayez donc le Potage au saumon fumé (voir page 34), vous vous en lécherez les doigts.

Chaque recette a été classée en fonction de son niveau de difficulté et selon qu'elle convient à un repas « sans façon » ou à un repas « de fête ». La recette est tout d'abord décrite de manière générale, puis les principaux points sont repris étape par étape. Nous avons tenté de réaliser un guide clair et facile à utiliser. Espérons qu'il trouvera définitivement sa place dans votre cuisine.

Acheter le saumon

Acheter du saumon de bonne qualité est essentiel pour réussir ces recettes. Il doit avant tout présenter un aspect brillant. Évitez à tout prix les poissons ternes et à chair molle – les filets doivent être fermes et luisants. La chair se présente toujours veinée de gras, mais ces veines doivent être fines et peu nombreuses. Pressez le saumon du doigt avant de l'acheter ; un mauvais poisson d'élevage a une chair mal structurée qui se rétracte à la pression. Renseignez-vous sur la provenance du poisson. Les meilleurs saumons viennent des Orcades et d'Écosse, et le saumon écossais est toujours préférable à la production norvégienne. Même si vous n'avez pas prévu d'acheter du saumon, jetez un coup d'œil sur ce que l'on vous propose et vous serez vite capable de distinguer le bon du mauvais. Rien ne vaut la pratique.

Beaucoup d'entre nous achètent le saumon sous forme de filets, de darnes ou de pavés. Si vous achetez un saumon entier, prenez les mêmes précautions qu'avec un poisson ordinaire. Il doit avoir des ouïes roses, des yeux brillants et bien saillants et la chair ferme. Ses écailles sont luisantes et la moindre odeur doit vous en détourner.

Le saumon fumé

Aucun poisson ne se fume mieux que le saumon. Il existe deux sortes de saumon fumé : à froid (méthode traditionnelle) ou à chaud. Quel que soit le type de fumage choisi, le saumon ne sera bon que si le poisson est de qualité.

La méthode traditionnelle consiste à fumer le saumon à une température n'excédant pas 33° C pendant 6 à 12 heures. Destinée à l'origine à conserver le poisson, elle est aujourd'hui utilisée essentiellement pour la délicieuse saveur qu'elle confère à la chair. Un bon saumon fumé doit fondre dans la bouche et avoir un goût fumé prononcé. Sa chair n'est pas élastique et cède facilement sous la dent. Vous trouverez dans les pages qui suivent des recettes classiques de saumon fumé, mais la meilleure façon de l'apprécier est peut-être de le servir de la plus simple des manières : en tranches fines, disposé sur une assiette avec du bon pain noir, du beurre, un quartier de citron et du poivre noir fraîchement moulu.

Le saumon fumé à chaud est récemment devenu très populaire. Fumé à une température plus élevée que la précédente, il est cuit en même temps qu'il est fumé et donne une texture différente à sa chair. Le saumon fumé à chaud propose des usages multiples. Déjà cuit, c'est un excellent ingrédient à ajouter en fin de préparation d'un plat, tel le Kedgeree de saumon fumé à chaud (voir page 88).

Découper le saumon

Hormis pour le saumon fumé, pratiquement toutes les recettes de cet ouvrage utilisent l'un des quatre morceaux de saumon suivants : pavé, escalope, médaillon et darne, chacun de ces morceaux convenant mieux à certains plats. Nous recommandons une méthode de cuisson pour chaque recette, mais rien ne vous empêche de remplacer une cuisson au four par une cuisson vapeur ou un pochage, et vice-versa.

Le gril et la poêle sont également interchangeables, mais il est déconseillé de faire pocher ou de cuire à la vapeur des escalopes ou des médaillons de saumon (voir les méthodes de cuisson page 12).

Les pavés doivent peser environ 140 grammes par portion. La cuisson au four propose l'une des méthodes les plus faciles. Mais vous pouvez aussi les faire frire dans une poêle anti-adhésive à fond épais – cela caramélise les sucs du saumon et donne plus de goût à la chair –, les pocher, les cuire à la vapeur ou les griller.

Les escalopes désignent les tranches épaisses auxquelles on laisse la peau sur un côté. Idéales pour les fritures rapides, elles ne demandent pas plus de deux minutes de cuisson. Faites-les frire avec la peau dessous pour obtenir une surface joliment croustillante contrastant avec la douceur de la chair. Le gril permet de développer certains des mêmes arômes caramélisés, sans utiliser de l'huile.

Les médaillons qualifient des morceaux de chair obtenus en levant les filets du saumon le long de l'arête centrale, puis en les coupant en tronçons. Ils sont délicieux rapidement frits, ou grillés.

Une darne est un steak de saumon coupé dans toute l'épaisseur du poisson. Conservez l'arête centrale pour donner plus d'arôme à la chair. Les darnes peuvent être cuites au four ou à la vapeur, pochées, frites ou grillées.

Pavés

Les pavés sont obtenus en coupant transversalement un demi-saumon. Une portion de 140 g correspond à un morceau de 5 à 8 cm.

Escalopes

Pour les escalopes, ôtez les arêtes d'un demi-saumon, mais conservez la peau. À l'aide d'un couteau bien aiguisé, coupez des tranches de 1,5 à 2 cm d'épaisseur dans la chair du poisson en tenant le couteau à un angle de 45°, jusqu'à la peau.

Des vins pour accompagner le saumon

Les meilleurs vins à servir avec le saumon dépendent du style du plat et de la grosseur du poisson. De manière générale cependant, un consensus se fait autour des cépages de Chardonnay. Mariez donc un Chardonnay bien charpenté au robuste Pavé de saumon à la polenta, aux piments et au parmesan (voir page 98) ou un Bourgogne blanc aux arômes plus délicats du Saumon poêlé aux pommes de terre et au beurre de caviar (voir page 111). Un Riesling ou un Gewurztraminer font également merveille avec le saumon. Enfin, un Pinot noir légèrement glacé conviendra tout particulièrement au Saumon à la pancetta, aux champignons et à l'orge (voir page 90).

Quelques conseils

Vous apprenez sans doute quelque chose à chaque fois que vous cuisinez : en fait, la différence, entre les grands chefs et vous, simple mortel… tient simplement à leur expérience. Plus vous prendrez confiance en vous, plus les choses vous sembleront faciles. Vous apprendrez qu'un plat à rôtir ne sert pas qu'à rôtir : vous pouvez en effet l'utiliser sur le feu. Si vous avez un variateur de température et un wok, vous êtes équipé pour les fritures. Au fil du temps, vous découvrirez vos ustensiles favoris : la nécessité absolue d'un gros couteau de cuisine de bonne qualité, d'une batterie de casseroles en acier inoxydable à fond épais et d'une solide planche à découper. Vous connaîtrez tous les indispensables : une passoire, des bols en acier inoxydable pour les mélanges, une spatule (ou un couteau à poisson de bonne qualité), quelques cuillers et un jeu d'emporte-pièces de cuisinier. Pareil pour les ingrédients : au fil des années, vous testerez différentes marques de produits d'épicerie et vous vous en tiendrez à vos favorites.

Un mot sur l'assaisonnement : le saumon s'assaisonne toujours après la cuisson ; utilisez de la fleur de sel pour sa texture et son arôme, du poivre noir fraîchement moulu et un peu de jus de citron. Attention cependant : beaucoup d'entre nous consomment trop de sel alors qu'il est relativement facile de s'en passer. Forcez sur le poivre noir et le citron et vous commencerez vite à apprécier le véritable goût des aliments que vous cuisinez.

Médaillons

Pour les médaillons, prenez un demi-saumon sans peau et levez les filets le long de la ligne centrale. Vous obtiendrez ainsi deux longues bandes de chair. Coupez chacune d'entre elles en tronçons de 2 cm.

Darnes

Pour obtenir des darnes, prenez un poisson entier et découpez des tranches de 2,5 cm d'épaisseur.

1 Cuisiner le saumon

Rapide et facile
Préparation : 5 à 10 minutes
Pour 4 personnes

4 pavés ou steaks de saumon de 140 g

sel de mer fraîchement moulu et poivre noir du moulin

1 filet de jus de citron

Un des avantages du saumon : il s'adapte à de nombreux modes de cuisson. Au four ou à la vapeur, poché, grillé, frit, fumé ou servi cru sous forme de sashimi (voir page 67), la texture de sa chair et son goût sont différents.

L'important est de ne pas le faire trop cuire. Le saumon doit être servi comme le steak : à point. En pratique, cela signifie que la chair doit être rose à l'intérieur lorsque vous le servez. Pour vérifier, pressez-le légèrement. La chair d'un saumon parfaitement cuit résistera un peu, mais pas trop ; si elle est gélatineuse, le poisson n'est pas assez cuit. Un saumon très ferme au toucher est irrémédiablement trop cuit et vous aurez l'impression de manger du chewing-gum ou du coton.

Cuisson au four Préchauffez le four à 200° C (thermostat 6). Parsemez les pavés de noisettes de beurre, ou aspergez-les d'huile d'olive et disposez-les sur la plaque du four beurrée. Passez-les au four pendant 7 à 8 minutes.

Façon barbecue Utilisez une poêle en fonte au fond nervuré (poêle-gril) pour retrouver le motif du barbecue. Pour éviter que le poisson colle à la poêle, arrosez-le d'huile (pas la poêle) et résistez à la tentation de retourner plusieurs fois les pavés pendant qu'ils cuisent. Pour obtenir les croisillons, faites cuire pendant 2 à 3 minutes d'un côté, faites pivoter le poisson à 90° et laissez cuire pendant 2 minutes. Faites de même pour l'autre face. Assaisonnez et servez.

Au gril Préchauffez le gril à température maximale. Tapissez le gril de papier d'aluminium, parsemez le saumon de noisettes de beurre ou arrosez-le d'huile d'olive et faites-le griller 2 à 3 minutes de chaque côté. Assaisonnez et servez.

Poêlé Faites chauffer une poêle anti-adhésive jusqu'à ce qu'elle soit très chaude, puis ajoutez un peu d'huile de tournesol. Pour des tranches fines, faites frire 2 à 3 minutes de chaque côté jusqu'à ce qu'une croûte caramélisée se forme ; pour des pavés, réduisez à feu moyen dès qu'ils sont saisis, laissez cuire 5 à 7 minutes d'un côté et 2 minutes de l'autre. Assaisonnez et servez.

Poché Remplissez une grande poêle avec juste assez d'eau pour couvrir le poisson. Quand l'eau commence à frémir, laissez le saumon pocher pendant

5 minutes, jusqu'à ce que sa chair devienne opaque. Vous pouvez ajouter un fumet de poisson ou du jus de citron pour rehausser le goût. Si vous souhaitez servir le saumon froid, glissez-le dans l'eau frémissante, puis retirez la poêle du feu et laissez refroidir et poisson pochera lentement. Assaisonnez et servez.

À la vapeur La manière la plus saine de cuire le saumon. Émiettez des aromates (estragon ou thym) au fond d'une marmite à vapeur, ajoutez de l'eau et portez à ébullition. Placez le saumon légèrement huilé dans le panier, fermez le couvercle et laissez chauffer pendant 5 à 8 minutes, en vous assurant que toute l'eau ne s'évapore pas. Assaisonnez et servez.

2 Pesto

À préparer à l'avance
Préparation : 15 minutes
Pour 6 à 8 personnes

2 gousses d'ail pelées

20 cl d'huile d'olive extra vierge

85 g de feuilles de basilic fraîches (vous devez vraiment les peser)

50 g de pignons de pin

50 g de parmesan fraîchement râpé

sel de mer fraîchement moulu et poivre noir du moulin

La saveur du pesto est inégalable, mais il est souvent impossible de trouver un pesto digne de ce nom dans le commerce, aussi faites-le vous-même si vous voulez en découvrir le véritable arôme. Avec un mixeur, aucune difficulté. Faites-en une grande quantité, puis congelez-le dans un bac à glaçons. Démoulez les cubes, enveloppez-les d'un film plastique et vous pourrez les garder 6 mois au congélateur. Un conseil : le pesto doit avoir une texture légèrement granuleuse, aussi évitez de réduire les pignons en purée avec votre mixeur (ni les mettre entiers…). Cette sauce accompagnera à merveille un pavé de saumon cuit au four (voir page 12).

1 Mixez l'ail et l'huile jusqu'à obtenir un liquide fluide. Raclez les parois avec une spatule, ajoutez le basilic et mixez pour obtenir un mélange homogène.

2 Ajoutez les pignons de pin et mixez quelques secondes. Incorporez ensuite le parmesan et l'assaisonnement, puis mixez à nouveau durant quelques secondes. Versez le mélange dans un bocal à confiture, couvrez d'huile d'olive et conservez au réfrigérateur pendant deux semaines, ou congelez (voir ci-dessus).

NB À chaque fois que vous prélevez du pesto dans le bocal, lissez la surface avec une cuiller, et ajoutez un peu d'huile avant de le remettre au réfrigérateur. Il conservera plus longtemps sa couleur et sa fraîcheur.

3 Sauce Vierge

Repas sans façon
Préparation : 15 minutes
Pour 4 personnes

12 cl d'huile d'olive

2 échalotes finement émincées

1 gousse d'ail entière, finement tailladée

4 tomates grossièrement hachées

2 cuillerées à soupe de basilic grossièrement haché

1/2 citron pressé

sel de mer fraîchement moulu et poivre noir du moulin

La sauce vierge, appellation chic pour désigner la sauce à l'huile, est une huile d'olive de qualité imprégnée des saveurs de la Méditerranée. Cette recette se caractérise par l'équilibre de ses arômes. Servez cet assaisonnement avec un pavé saisi à la poêle (voir page 12).

Comme avec toutes les recettes les plus simples, la qualité des ingrédients est essentielle – en l'occurrence celle de l'huile et des tomates. Préférez les petites tomates en grappe ou les tomates cerise. Au restaurant, les chefs pèlent les tomates et les épépinent avant d'en hacher la chair – processus fastidieux davantage destiné au plaisir des yeux qu'à celui des papilles. À la maison, vous pouvez conserver la peau et les pépins. L'huile d'olive contient des acides gras insaturés, ce qui la rend plus saine que le beurre ; il n'en demeure pas moins qu'elle apporte beaucoup de matières grasses.

1 Mettez l'huile d'olive, les échalotes et l'ail dans une petite casserole. Faites chauffer à feu doux sans laisser bouillir, de façon à faire fondre les échalotes sans les laisser prendre couleur. Retirez du feu après environ 10 minutes et réservez. Vous pouvez procéder à cette opération plusieurs jours à l'avance et conserver la préparation au réfrigérateur.

2 Juste avant de servir, retirez la gousse d'ail, ajoutez les tomates hachées, le basilic et le jus de citron, remettez sur le feu pour réchauffer et assaisonnez de sel et de poivre.

4 Sauce au cresson

Recette légère
Préparation : 10 minutes
Pour 4 personnes

2 bottes de cresson de 100 g environ, lavées et équeutées

1 cuillerée à soupe de beurre

1 jus de citron

sel de mer fraîchement moulu et poivre noir du moulin

Le cresson possède une saveur poivrée qui s'accorde bien à celle du saumon. Cette sauce, pauvre en graisse, saine et goûteuse, doit être utilisée sans attendre pour préserver sa belle couleur verte qui tranche joliment sur le rose du saumon, de préférence poché (voir pages 12-13).

1 Portez à ébullition une grande casserole d'eau salée. Ajoutez le cresson et laissez frémir pendant 3 minutes. À l'aide d'une écumoire, retirez le cresson et mettez-le dans le bol d'un mixeur.

2 Ajoutez 3 à 4 cuillerées à soupe de l'eau de cuisson et mixez pendant 2 minutes pour obtenir un mélange lisse (vous pouvez éventuellement ajouter un peu d'eau). Ajoutez le beurre et la moitié du jus de citron et assaisonnez de sel et de poivre. Mixez à nouveau pour incorporer le beurre, rectifiez l'assaisonnement, ajoutez un peu de jus de citron si nécessaire et utilisez sans attendre.

5 Sauce verte

Rapide et facile
Préparation : 5 minutes
Pour 4 à 6 personnes

175 g d'aromates

30 cl de mayonnaise

sel de mer fraîchement moulu et poivre noir du moulin

La sauce verte est un mélange d'aromates et de mayonnaise. Utilisez de la mayonnaise du commerce – choisissez de la mayonnaise allégée si vous le préférez. Le choix des aromates dépend de ce que vous trouverez sur le marché, mais l'idéal consiste en un mélange de persil plat, de ciboulette et d'estragon, qui relève à merveille le saumon poché ou cuit à la vapeur (voir pages 12-13).

1 Lavez les aromates et équeutez-les au besoin – vous devez obtenir environ 85 g de verdure. Séchez-les dans du papier absorbant.

2 Mettez les aromates dans le bol du mixeur et réduisez-les en purée. Ajoutez la mayonnaise et mixez à nouveau, jusqu'à obtenir une consistance crémeuse. Assaisonnez selon votre goût.

Variante

La sauce verte classique se prépare avec du cresson ou des épinards. Utilisez 175 g de feuilles de cresson lavées et séchées ou le même poids de feuilles d'épinards, ou encore un mélange des deux. Vous pouvez aussi choisir de la roquette pour une mayonnaise plus relevée.

6 Salsa Verde

Rapide et facile
Préparation : 5 minutes
Pour 4 à 6 personnes

2 gousses d'ail finement hachées

sel de mer fraîchement moulu ou poivre noir du moulin

4 filets d'anchois marinés à l'huile (facultatif, mais ça fait toute la différence !)

3 cuillerées à soupe de chacun des aromates suivants : persil, menthe et basilic frais, finement ciselés

1 à 2 cuillerées à soupe de câpres en saumure, rincées et hachées

2 cuillerées à soupe de jus de citron fraîchement pressé

Il s'agit là d'une sauce au goût relevé qui accompagne bien le saumon poêlé (voir page 12). Les câpres en saumure sont préférables à celles au vinaigre, mais elles doivent être soigneusement rincées avant usage. Les câpres sont des condiments qui s'apprécient avec le temps : si vous n'avez jamais essayé, c'est le moment de le faire – mettez-en une dans votre bouche, mâchez-la et savourez le parfum exotique et musqué qui n'appartient qu'aux câpres de bonne qualité. Il est conseillé d'utiliser la sauce le jour même, mais elle se conserve bien 2 à 3 jours au réfrigérateur.

1 Pilez l'ail avec une pincée de sel dans un mortier pour le réduire en purée. (Vous pouvez obtenir le même résultat en l'écrasant progressivement dans le sel avec le plat d'un couteau, sur du papier sulfurisé pour éviter de trop « parfumer » votre planche de découpe.)

2 Mélangez avec les autres ingrédients et parsemez de poivre. Si vous ne servez pas la sauce immédiatement, versez-la dans un bocal et versez à la surface un peu d'huile d'olive pour la protéger de l'air.

7 Sauce au beurre blanc

Rapide et facile	
Préparation : 6 minutes	
Pour 4 personnes	

2 cuillerées à soupe de vin blanc

1 jus de citron

1/2 bouillon cube aux légumes (Knorr de préférence)

1 cuillerée à soupe de crème fraîche épaisse (facultatif)

225 g de beurre bien froid, en petits dés

sel de mer fraîchement moulu et poivre noir du moulin

C'est une des sauces qui accompagnent le mieux le saumon, d'autant qu'elle peut être déclinée de nombreuses façons. Cela vaut vraiment la peine d'apprendre à cuisiner une bonne sauce au beurre ; son arôme capiteux, sa texture et sa pointe d'acidité en font la meilleure amie du saumon, quelle que soit la manière dont vous le cuisinez (voir pages 12-13). Malheureusement, il n'est pas possible de la réchauffer – si vous voulez la préparer à l'avance, conservez-la dans une bouteille thermos (jusqu'à 12 heures). Vous pouvez aussi la garder à la bonne température – de 40 à 70 °C – dans une petite casserole pendant 2 à 3 heures (utilisez un thermomètre si besoin). Couvrez la casserole d'un film plastique pour conserver la chaleur et donnez un tour de fouet avant de servir.

1 Faites bouillir ensemble le vin blanc, le jus de citron et le bouillon cube pendant 1 minute.

2 Ajoutez la crème, puis le beurre et mélangez rapidement sur feu doux jusqu'à ce que le beurre soit bien incorporé et que la sauce épaississe légèrement. Salez et poivrez ; servez immédiatement.

NB Le secret de la réussite est de procéder à la bonne température. Trop chaude, la sauce va bouillir et tourner, trop froide, la matière grasse s'incorporera mal et la sauce tournera aussi. Pour trouver la bonne température, trempez votre doigt dans la casserole : la sauce doit être chaude sans vous brûler.

Variantes

Sauce au beurre au zeste de citron Ajoutez le zeste finement râpé d'un demi-citron dans le mélange de vin, de jus de citron et de bouillon cube.

Sauce au beurre à la ciboulette Ajoutez 2 cuillerées à soupe de ciboulette finement ciselée (ou encore de cerfeuil, de persil, d'estragon ou d'aneth) à la sauce avant de servir.

Sauce au beurre au caviar Ajoutez 1 cuillerée à soupe de caviar dans la sauce juste avant de servir.

8 Sauce hollandaise

Repas de fête
Préparation : 15 minutes
Pour 4 personnes

La sauce hollandaise est réservée aux grandes occasions, d'abord parce qu'elle est assez compliquée à préparer, et aussi parce que le mélange est assez lourd. Si vous manquez de temps, essayez la version rapide figurant en bas de page. Réalisée au mixeur, elle donne une sauce plus légère qui convient peut-être mieux au saumon.

3 cuillerées à soupe d'eau

3 jaunes d'œufs

1/2 jus de citron

1 cuillerée à soupe de vinaigre de vin blanc

225 g de beurre fondu

1 pincée de sel

1 pincée de poivre de Cayenne

1 Mettez l'eau, les jaunes d'œufs, le jus de citron et le vinaigre dans un récipient allant au feu. Posez ce dernier sur une casserole remplie d'eau chaude, non bouillante, et mélangez à l'aide d'un fouet métallique jusqu'à ce que la sauce épaississe (environ 5 minutes). Ôtez le récipient du feu et gardez-le au chaud.

2 Prenez le beurre fondu et versez-en une petite quantité dans le mélange en remuant continuellement au fouet. Versez ensuite lentement le reste du beurre, toujours en remuant, de façon qu'il s'incorpore bien aux œufs. Si le mélange épaissit trop, ajoutez une ou deux cuillerées à soupe d'eau chaude.

3 Quand tout le beurre est incorporé, ajoutez sel et poivre de Cayenne selon votre goût, et éventuellement un autre filet de jus de citron.

4 Gardez la sauce au chaud (40 à 70° C) jusqu'au moment de servir, mais soyez prudent : si le mélange est trop chaud ou trop froid, la sauce va se déliter. Dans ce cas, il est possible de rattraper les choses en la versant sur deux jaunes d'œufs frais et trois cuillerées à soupe d'eau chaude, sans cesser de fouetter. Il suffit en fait de traiter la sauce comme vous l'avez fait avec le beurre à l'étape 2.

2 jaunes d'œufs

225 g de beurre fondu et chaud

1 jus de citron

sel de mer fraîchement moulu et poivre noir du moulin

Variante

Pour une préparation plus rapide, mettez les jaunes d'œufs et 2 cuillerées à soupe d'eau bouillante dans le bol d'un mixeur. Fermez ce dernier, puis ôtez la partie centrale du couvercle et couvrez l'ouverture avec un torchon propre. Mixez pendant 30 secondes. Quand les jaunes deviennent mousseux, versez le beurre chaud dans le mélange et mixez pendant 15 à 20 secondes. Ajoutez le jus de citron et assaisonnez. Remplissez un bol d'eau bouillante. Quand la sauce est prête, jetez l'eau et mettez la sauce. Goûtez et rectifiez l'assaisonnement. Couvrez d'un film plastique et placez dans un endroit chaud. La sauce restera chaude pendant une heure environ.

9 Saumon au poivre à la crème de whisky

Facile et rapide	
Préparation : 20 minutes	
Pour 2 personnes	

1 cuillerée à soupe de poivre noir concassé

1/2 cuillerée à soupe de poivre blanc concassé

2 pavés ou darnes de saumon de 170 g environ (voir pages 10-11)

1 cuillerée à café rase de moutarde de Dijon

sel de mer fraîchement moulu

15 g de beurre

1 cuillerée à soupe de whisky

15 cl de crème fraîche épaisse

1 cuillerée à soupe de ciboulette finement ciselée

ciboulette pour garnir

Au contraire d'autres recettes de ce chapitre, la sauce se cuisine en même temps que le poisson. Il s'agit en fait d'une recette de bœuf au poivre que l'on a adaptée au saumon. Résultat ? Un goût réellement étonnant !

1 Avec les deux sortes de poivre, faites un mélange que vous étalerez sur une assiette. Enduisez le saumon de moutarde, puis roulez-le sur le poivre pour faire adhérer celui-ci à la chair du poisson. Ajoutez un peu de sel.

2 Faites chauffer une poêle à frire. Ajoutez le beurre et lorsqu'il commence à grésiller, mettez-y les tranches de saumon. Réduisez à feu moyen et faites-les cuire environ 3 minutes sur une seule face.

3 Augmentez le feu, retournez le saumon, puis ajoutez le whisky. Faites bouillir jusqu'à ce que celui-ci soit presque totalement réduit, puis versez la crème. Déglacez le fond de la poêle à l'aide d'une cuiller en bois pour bien incorporer les sucs de poisson et de whisky.

4 Laissez frémir pendant une ou deux minutes jusqu'à ce que la sauce commence à épaissir. Goûtez et ajoutez du poivre si nécessaire. À ce moment, le saumon doit être juste cuit – vérifiez avec la pointe d'un couteau : si la chair est encore un peu rose, laissez frémir sur feu doux une minute supplémentaire. Ajoutez la ciboulette ciselée et servez immédiatement.

10 Sauce blanche

À préparer à l'avance
Préparation : 30 minutes
Pour 4 à 6 personnes

25 g de beurre

25 g de farine

60 cl de lait

sel de mer fraîchement moulu et poivre noir du moulin

La sauce blanche, ou béchamel, est souvent considérée comme une sauce grumeleuse et pâteuse, que l'on associe aux cantines d'écoles plus qu'à la gastronomie. Elle se révèle pourtant délicieuse lorsqu'elle est bien faite. Tout le secret réside dans la cuisson – la sauce doit mijoter au moins 30 minutes pour révéler ses arômes – et dans l'art d'éviter les grumeaux. Il existe deux armes pour les combattre : la passoire et le batteur électrique. Passer une sauce grumeleuse au-dessus d'une casserole propre et la battre rapidement sont des gestes infaillibles pour rattraper les désastres.

Comme dans la sauce au beurre, il est possible d'ajouter divers ingrédients en fin de cuisson : fromage, moutarde, anchois hachés, aromates ou épinards cuits, tout (ou presque) est possible.

1 Faites fondre le beurre dans une petite casserole à fond épais. Ajoutez la farine et mélangez sur le feu pendant une minute, pour obtenir une pâte lisse.

2 Retirez la casserole du feu, versez le lait en une seule fois et mélangez bien à l'aide d'un fouet métallique.

3 Remettez sur le feu et portez lentement à ébullition, en mélangeant au fouet. Baissez le feu et laissez frémir pendant 30 minutes en remuant de temps en temps pour éviter qu'une peau se forme à la surface. Assaisonnez selon votre goût. Cette sauce refroidie peut être conservée au réfrigérateur et réchauffée (il peut être nécessaire d'y ajouter un peu de lait).

Variantes

Pour une sauce béchamel traditionnelle, chauffez le lait jusqu'à ce qu'il commence à fumer, puis ajoutez deux feuilles de laurier, un brin de macis et la moitié d'un oignon cru. Laissez infuser pendant 20 minutes, puis passez le lait et préparez la sauce comme ci-dessus.

Ajoutez 115 g de cantal ou de gruyère râpé et un peu de parmesan si vous l'aimez. Une pointe de moutarde relèvera le goût.

Ajoutez 2 à 3 cuillerées à soupe de moutarde de grains ou de moutarde de Dijon.

Ajoutez 4 cuillerées à soupe d'aromates ciselés.

Ajoutez 6 cuillerées à soupe d'épinards blanchis et hachés avec une pointe de noix muscade. Ajoutez 30 g d'anchois en boîte égouttés et hachés.

11 Sauce au vin rouge

Rapide et facile	
Préparation : 10 minutes	
Pour 4 personnes	

15 cl de vin rouge

1 cuillerée à café de sucre brun en poudre

30 cl de bouillon de légumes ou de fumet de poisson

40 g de beurre bien froid coupé en petits dés

sel de mer fraîchement moulu et poivre noir du moulin

Ce n'est pas là une sauce que l'on associe spontanément au saumon, mais les tanins du vin rouge lui donnent une âpreté qui atténue bien la texture un peu grasse du poisson. Très facile à préparer, elle accompagne particulièrement bien le saumon poêlé (voir page 12).

1 Portez le vin à ébullition dans une casserole, ajoutez le sucre brun et laissez réduire des trois-quarts, jusqu'à obtenir un sirop épais.

2 Ajoutez le bouillon ou le fumet et laissez réduire jusqu'à obtenir 15 cl de liquide environ, puis ajoutez le beurre petit à petit, en mélangeant soigneusement au fouet. La sauce doit être sombre et brillante, aussi n'utilisez pas un batteur électrique qui la rendrait trop mousseuse. Continuez à fouetter jusqu'à ce que tout le beurre soit incorporé, puis assaisonnez et servez immédiatement.

NB Vous pouvez préparer cette sauce à l'avance, en ajoutant le beurre juste avant de servir.

12 Rouleaux de saumon fumé à la roquette

Rapide et facile
Préparation : 5 minutes
Pour 4 personnes

4 cuillerées à soupe d'huile d'olive extra vierge

1 cuillerée à soupe de jus de citron ou de vinaigre balsamique

8 tranches de saumon fumé

40 g de roquette

1 cuillerée à soupe de parmesan fraîchement râpé

2 cuillerées à soupe de pignons de pin grillés

sel de mer fraîchement moulu et poivre noir du moulin

Cette recette ne pourrait être plus simple à réaliser et la saveur poivrée de la roquette s'accorde particulièrement bien à celle du saumon fumé. Ces rouleaux constituent une belle entrée pour un dîner et peuvent être préparés une heure à l'avance. Utilisez une huile d'olive de qualité.

1 Mélangez l'huile d'olive avec le jus de citron ou le vinaigre balsamique.

2 Étalez les tranches de saumon sur le plan de travail et répartissez la roquette dessus. Parsemez de parmesan et de pignons de pin, arrosez de quelques gouttes de la vinaigrette, assaisonnez et roulez (vous pouvez aussi plier les tranches pour en faire des bouchées – ce sera plus facile à manger, mais moins joli !).

3 Arrosez du restant de vinaigrette et servez.

Variantes

Utilisez du cresson à la place de la roquette pour un goût également poivré.
Ajoutez des lamelles de mozzarella à la place du parmesan.
Coupez des artichauts grillés conservés dans l'huile (vous en trouverez dans les bonnes épiceries italiennes), puis roulez-les avec tous les autres ingrédients.
L'important est de trouver le bon équilibre entre la fraîcheur, l'acidité, le croquant et la douceur.

13 Roulades de saumon fumé au fromage blanc et au poivre noir

Repas de fête
Préparation : 15 minutes, plus temps de refroidissement
Pour 10 bouchées environ

85 g de fromage blanc

sel de mer fraîchement moulu et poivre noir du moulin

5 tranches de saumon fumé

jus de citron fraîchement pressé

Le saumon fumé a des affinités naturelles avec le fromage blanc, comme le prouvent les bagels au saumon qui constituent l'un des en-cas les plus vendus au monde. N'hésitez pas à additionner vos roulades de généreuses quantités de poivre noir pour en relever le goût. Pour obtenir des bouchées, coupez chaque roulade en deux.

1 Battez le fromage blanc avec un peu de sel et beaucoup de poivre fraîchement moulu.

2 Étalez une fine couche de fromage blanc sur chaque tranche de saumon et ajoutez un filet de jus de citron. Coupez chaque tranche dans le sens de la largeur pour obtenir deux morceaux. Roulez, en commençant par les bords coupés. Enveloppez les roulades dans un film plastique et mettez-les à rafraîchir pendant 1 heure au réfrigérateur.

3 Parsemez une assiette d'un peu de poivre concassé. Sortez vos roulades de saumon et passez-les tour à tour dans le poivre en les secouant pour éliminer le surplus. Coupez une extrémité de chaque roulade et dressez-les à la verticale sur le plat de service.

14 Sushis au saumon fumé et au couscous

À préparer à l'avance
Préparation : 30 minutes
Pour 12 à 15 bouchées environ

1 zeste de citron finement râpé

1 trait de jus de citron

13 cl de bouillon de poulet, de légumes ou de fumet de poisson

sel de mer fraîchement moulu

120 g de semoule à cuisson rapide

3 cuillerées à soupe de coriandre fraîche, ciselée

3 feuilles de nori précuites

sauce de soja et gingembre mariné japonais pour servir

POUR LA GARNITURE :

1/2 concombre de belle taille

1 cuillerée à café de wasabi (sauce japonaise au raifort)

1 petite botte de ciboulette

225 g de saumon fumé coupé en tranches

De gauche à droite : Pommes de terre au saumon fumé et à la crème fraîche, Crostinis de saumon fumé au caviar et aux œufs de caille et Sushis au couscous.

Les sushis sont délicieux, mais préparer le riz est toute une affaire – tous ces lavages et ces égrenages prennent un temps fou.
En remplaçant le riz par de la semoule, tout devient plus simple et plus rapide.

1 Commencez par préparer la garniture. Prenez le concombre et coupez-le de la même largeur que les feuilles de nori, dans le sens de la longueur en tranches de 5 mm, puis en bâtonnets de même épaisseur. Faites mariner le tout dans le wasabi.

2 Alignez 4 ou 5 brins de ciboulette le long des bâtonnets de concombre et entourez-les de tranches de saumon fumé. Couvrez et réservez au réfrigérateur.

3 Pour faire cuire la semoule, placez le zeste de citron, son jus, le bouillon et une pincée de sel dans une casserole fermant bien. Portez à ébullition. Dès le premier bouillon, ajoutez la semoule et remuez. Lorsque le mélange commence à frémir, remettez le couvercle et retirez du feu pour laisser la semoule absorber le bouillon. Il suffit de 4 minutes pour qu'elle soit cuite – plus longtemps, et vous aurez du ciment ! Égrainez le couscous et ajoutez la coriandre.

4 Posez un set en bambou sur la table et étalez dessus une feuille de nori, face brillante vers le bas. (Disposez le set de façon à pouvoir l'enrouler en l'éloignant de vous.)

5 Répandez une fine couche de semoule sur la feuille de nori en laissant environ 3 à 4 cm non couverts le long du bord le plus éloigné (procédez avec des mains humides pour plus de facilité). Posez transversalement une roulade de saumon au concombre à environ un tiers de la base du couscous. Utilisez le set en bambou pour enrouler le nori et la semoule autour de cette garniture, puis humidifiez la partie non garnie de la feuille pour sceller le rouleau. Le plus difficile est de serrer suffisamment ce dernier pour éviter qu'il se défasse lorsque vous le couperez. Si vous avez du mal, entourez-le d'un film plastique et réservez au réfrigérateur jusqu'à ce que vous en ayez besoin.

6 Juste avant de servir, utilisez un couteau aiguisé pour découper chaque rouleau en cinq tronçons. Servez avec de la sauce de soja et du gingembre mariné.

15 Pommes de terre au saumon fumé et à la crème fraîche

Repas de fête
Préparation : 25 minutes
Pour 20 portions

10 petites pommes de terre nouvelles de même taille

20 cl de crème fraîche

115 g de saumon fumé à chaud, coupé en morceaux

sel de mer fraîchement moulu et poivre noir du moulin

une petite botte de ciboulette fraîche

Préparez ces délicieuses bouchées (voir photo page 29) en été, lorsque vous serez sûr de trouver des pommes de terre nouvelles de qualité. Les supermarchés proposent désormais de nombreuses variétés savoureuses, comme l'Anya, la Charlotte ou la Ratte, tout comme la reine de Jersey, plus courante. Soyez vigilant lorsque vous cuisinez des pommes de terre nouvelles, car rien n'est pire qu'une pomme de terre trop (ou pas assez) cuite.

1 Faites cuire les pommes de terre entières dans de l'eau salée pendant 15 à 20 minutes jusqu'à ce qu'elles soient tendres. Égouttez-les, puis placez-les dans une casserole d'eau froide pour qu'elles refroidissent rapidement.

2 Quand elles sont froides, égouttez-les à nouveau et essuyez-les. Coupez chaque pomme de terre en deux dans le sens de la longueur et découpez une fine tranche de chair dans la partie arrondie de chaque moitié pour former une base plate afin qu'elles ne roulent pas sur l'assiette. Déposez sur chaque moitié de pomme de terre une cuillerée à café de crème fraîche, ajoutez un bon morceau de saumon fumé à chaud et assaisonnez. Décorez de deux brins de ciboulette, disposez sur un plat et servez.

16 Crostinis de saumon fumé au caviar et aux œufs de caille

Repas de fête
Préparation : 25 minutes
Pour 24 bouchées environ

1 baguette

huile d'olive

1 cuillerée à café de vinaigre de vin rouge ou blanc

12 œufs de caille frais à la température ambiante

115 à 175 g de saumon fumé en tranches ou de morceaux de saumon fumé à chaud

55 g d'œufs de lump ou de caviar

Vous serez fier de servir ces crostinis (voir photo page 29) à vos meilleurs amis. Le mariage du pain croustillant, du saumon fumé, du caviar et des œufs durs est délicieux. Le pain peut être grillé une semaine à l'avance et gardé dans une boîte hermétique. La seule opération un peu délicate est d'écaler les œufs. Si vous manquez vraiment de temps, achetez des œufs de caille déjà durs, mais les œufs frais sont bien meilleurs.

1 Coupez la baguette en tranches fines et huilez légèrement ces dernières de chaque côté à l'aide d'un pinceau. Disposez-les sur la plaque du four et faites-les rôtir à 180° C (thermostat 4) pendant 5 à 10 minutes, jusqu'à ce qu'elles soient croustillantes et bien dorées. Laissez refroidir et réservez dans une boîte hermétique.

2 Portez une casserole d'eau à ébullition et ajoutez le vinaigre. Ayez à portée de main un saladier d'eau froide. Disposez les œufs de caille dans un panier métallique et plongez doucement ce dernier dans l'eau bouillante. Laissez bouillir pendant 2 minutes, puis plongez les œufs dans l'eau froide pour arrêter leur cuisson.

3 Écalez rapidement les œufs sous un filet d'eau froide – pour faciliter le travail. Les œufs de caille sont difficiles à écaler, surtout lorsqu'on les laisse trop refroidir. Coupez soigneusement les œufs en deux dans le sens de la longueur.

4 Disposez sur chaque crostini un bon morceau de saumon fumé. Ajoutez une petite cuillerée à café de caviar sur le saumon et couronnez le tout d'un demi-œuf de caille. Servez immédiatement.

17 Bouillon de saumon aux épices

Recette légère
Préparation : 20 minutes
Pour 4 personnes

1 cuillerée à soupe d'huile d'olive

25 g de gingembre frais, pelé et détaillé en bâtonnets

2 grosses gousses d'ail, pelées et coupées en fines lamelles

1 gros piment rouge frais, épépiné et détaillé en bâtonnets

1 piment oiseau entier

1 tige de citronnelle ciselée

1,2 litre de bouillon de poulet ou de légumes

3 cuillerées à soupe de *nam pla* (sauce de poisson thaïlandaise)

1 cuillerée à soupe de sauce de soja claire

1 jus de citron vert

4 oignons verts finement émincés

1 filet de saumon de 175 à 225 g, coupé en médaillons (voir pages 10-11)

3 cuillerées à soupe de coriandre grossièrement ciselée

sel de mer fraîchement moulu et poivre noir du moulin

La base de cette soupe est normalement un mélange de fumet de poisson et de jus de moules. Pourtant, ces ingrédients n'étant pas toujours disponibles dans une cuisine, il est possible de les remplacer par un cube de bouillon de poulet ou de légumes, avec un résultat tout aussi honorable. Cette base peut être préparée à l'avance et congelée. Ajoutez le saumon juste avant de servir et ne le faites surtout pas trop cuire : deux minutes suffisent.
Pour vérifier la cuisson, coupez un des médaillons en deux ; la chair doit être rose et brillante.

1 Faites chauffer l'huile dans une grande casserole et ajoutez le gingembre, l'ail, les piments et la citronnelle. Faites fondre ces ingrédients sur feu doux.

2 Ajoutez le bouillon, le *nam pla*, la sauce de soja et le jus de citron vert. Portez à ébullition puis baissez le feu et laissez frémir pendant 10 minutes. Ajoutez les oignons verts et laissez cuire encore pendant 3 minutes.

3 Ajoutez le poisson et la coriandre et poursuivez la cuisson pendant 2 minutes supplémentaires. Goûtez, salez et poivrez et ajoutez un peu de sauce de soja si nécessaire. Répartissez la soupe dans des bols chauds et servez.

18 Potage au saumon fumé

Repas sans façon
Préparation : 30 minutes
Pour 4 à 6 personnes

50 g de beurre

225 g de poireaux, lavés et émincés

450 g de pommes de terre farineuses, pelées et coupées en gros morceaux

45 cl de lait entier

30 cl de crème fraîche

400 g de saumon fumé à chaud

2 cuillerées à café de persil frais ciselé

sel de mer fraîchement moulu et poivre noir du moulin

Cette recette s'inspire d'une soupe écossaise traditionnelle nommée Cullen Skink, normalement cuisinée avec du haddock fumé mais qui se prête très bien à cette préparation. N'oubliez pas que le saumon fumé à chaud est déjà cuit et qu'il n'a besoin que d'être réchauffé. Ce potage peut être fait à l'avance ; il se réchauffe bien, mais ne doit pas être congelé.

1 Faites fondre le beurre dans une grande casserole et ajoutez les poireaux. Laissez cuire sur feu moyen jusqu'à ce qu'ils commencent à fondre, puis ajoutez les pommes de terre, le lait et 45 cl d'eau. Portez à ébullition, puis baissez le feu et laissez frémir pendant 15 minutes, jusqu'à ce que les pommes de terre commencent à s'attendrir.

2 Ajoutez la crème et faites chauffer sans laisser bouillir. Ôtez la peau du poisson et émiettez sa chair, puis mélangez-le doucement au potage avec le persil. Faites réchauffer, goûtez et rectifiez l'assaisonnement. Ne lésinez pas sur le poivre !

19 Soupe crémeuse au saumon et aux asperges

Repas de fête
Préparation : 25 minutes
Pour 4 personnes

700 g d'asperges fraîches

50 g de beurre

1 gros oignon finement émincé

225 g de pommes de terre, pelées et coupées en tranches fines

1,2 litres de bouillon léger de poulet ou de légumes

1/2 cuillerée à café de sel de mer fraîchement moulu

poivre blanc du moulin

350 g de saumon coupé en dés de 1 cm

Cette soupe est identique au Bouillon de saumon aux épices (voir page 32) en ceci que le saumon est cuit dans le bouillon ; de cette manière, tous les arômes du poisson sont conservés et vous avez un contraste agréable entre le velouté de la soupe et la texture du saumon. C'est un plat de fête qui reste relativement léger.

1 Éliminez les parties dures des asperges et ôtez-en la peau à l'aide d'un couteau économe. Coupez les pointes à 4 cm de l'extrémité et faites-les blanchir pendant 4 minutes dans de l'eau bouillante salée (comptez quatre pointes par personne).

2 Retirez les pointes de l'eau à l'aide d'une passoire et rafraîchissez-les immédiatement dans l'eau froide. Égouttez et réservez. Hachez grossièrement le restant des asperges.

3 Faites fondre le beurre dans une grande casserole. Ajoutez l'oignon et les pommes de terre et laissez-les fondre doucement. Versez ensuite le bouillon, portez à ébullition et laissez frémir pendant 15 minutes, jusqu'à ce que les pommes de terre s'attendrissent. Ajoutez les tiges d'asperges et poursuivez la cuisson pendant 7 minutes, jusqu'à ce qu'elles soient tendres, puis passez-les au mixeur.

4 Remettez la soupe dans la casserole, portez à ébullition, puis réduisez le feu. Goûtez et assaisonnez avec du sel et du poivre blanc. Incorporez les dés de saumon, et laissez frémir encore pendant 2 minutes.

5 Réchauffez les pointes d'asperges dans l'eau bouillante et égouttez-les. Versez la soupe dans quatre bols et décorez avec les pointes d'asperges.

20 Soupe aux pois et saumon fumé

À préparer à l'avance
Préparation : 20 minutes
Pour 4 personnes

40 g de beurre

1 oignon moyen, émincé

1 litre de bouillon chaud de poulet ou de légumes

450 g de petits pois décongelés

2 cuillerées à soupe de menthe fraîche, ciselée

sel de mer fraîchement moulu et poivre noir du moulin

225 g de saumon fumé, débité en dés de 1 cm

petits pois cuits et crème aigre ou crème fraîche pour le décor

Encore une soupe que vous pouvez réaliser à l'avance, en ajoutant le saumon fumé au dernier moment. Son succès : l'alliance de la saveur sucrée des petits pois et du goût salé du poisson. Vous pouvez congeler cette soupe après avoir ajouté le saumon, mais faites-la refroidir le plus rapidement possible pour préserver sa belle couleur. Pour cela, versez-la dans un récipient que vous plongerez dans l'évier rempli d'eau froide et ajoutez des glaçons.

1 Faites chauffer le beurre dans une grande casserole. Ajoutez l'oignon et faites-le fondre doucement, sans le laisser prendre couleur ni faire brunir le beurre.

2 Ajoutez le bouillon chaud et portez rapidement à ébullition. Ajoutez les petits pois décongelés et la menthe et laissez frémir pendant 5 minutes, puis retirez du feu et passez au mixeur jusqu'à ce que le mélange soit lisse. Goûtez et ajoutez sel et poivre.

3 Versez la soupe dans des bols chauds, ajoutez le saumon, puis incorporez les petits pois et la crème.

21 Minestrone au saumon

Repas sans façon
Préparation : 45 minutes
Pour 6 personnes

3 cuillerées à soupe d'huile d'olive

1 oignon moyen, émincé

1 poireau, émincé

400 g de tomates en boîte, hachées

200 g de haricots blancs en boîte, égouttés et rincés

2 carottes moyennes, émincées

115 g de pommes de terre, débitées en dés

quelques brins de thym frais

2 feuilles de laurier

225 g de petits pois frais ou surgelés, ou de haricots verts coupés en petits morceaux

225 g de courgettes, débitées en dés

225 g de saumon coupé en petits dés

sel de mer fraîchement moulu et poivre noir du moulin

3 cuillerées à soupe de pesto maison (voir page 13) ou de pesto prêt à l'emploi (facultatif) et parmesan fraîchement râpé

Le minestrone est une soupe délicieuse qui devient un excellent plat unique lorsqu'on l'enrichit de saumon. Pauvre en graisses, il est riche en hydrates de carbone, en protéines et en légumes, et se congèle très bien sans le saumon.

1 Faites chauffer l'huile dans une grande casserole, ajoutez l'oignon et le poireau et laissez-les fondre doucement pendant 10 minutes. Ajoutez les tomates, les haricots, les carottes, les pommes de terre et les aromates, et couvrez de 1,2 litre d'eau froide environ. Portez à ébullition, couvrez et laissez frémir pendant 20 à 25 minutes, jusqu'à ce que les pommes de terre et les haricots commencent à s'attendrir.

2 Ajoutez les petits pois ou les haricots verts et les courgettes et laissez frémir pendant 5 minutes, puis incorporez le saumon et faites chauffer encore pendant 3 à 4 minutes. Goûtez et assaisonnez.

3 Répartissez la soupe dans des bols chauds et servez avec un peu de pesto si vous le souhaitez et beaucoup de parmesan râpé.

22 Soupe de saumon safranée au citron

Repas de fête
Préparation : 20 minutes
Pour 4 personnes

50 g de beurre

3 échalotes finement émincées

1 gousse d'ail pilée

2 cuillerées à soupe de farine

1 litre de fumet de poisson avec un trait de *nam pla* (sauce de poisson thaïlandaise)

1 cuillerée à café de filaments de safran

zestes finement râpés d'1 citron et d'1 citron vert

sel de mer fraîchement moulu et poivre noir du moulin

225 g de chair de saumon, coupée en gros morceaux

jus de 1/2 citron et d'1 citron vert

2 cuillerées à soupe de coriandre fraîche, grossièrement ciselée

La combinaison des ingrédients peut sembler osée, mais la saveur musquée du safran se marie très bien à l'acidité du citron pour donner une soupe légère et chargée d'arômes. Il est important d'utiliser du safran de bonne qualité – achetez des filaments plutôt que du safran en poudre. Vous pouvez ajouter un peu de Tabasco à la soupe pour en renforcer le goût.

1 Faites fondre le beurre dans une grande casserole, ajoutez les échalotes et laissez-les dorer à feu très doux jusqu'à ce qu'elles prennent couleur.

2 Ajoutez l'ail et la farine, montez le feu et laissez cuire pendant 1 minute.

3 Retirez la casserole du feu et versez le fumet de poisson en remuant au fouet. Remettez sur le feu et portez lentement à ébullition en remuant continuellement – vous n'aurez pas de grumeaux.

4 Ajoutez le safran et les zestes de citron ; salez et poivrez. Couvrez et laissez frémir pendant 10 minutes.

5 Ajoutez les morceaux de saumon, baissez le feu et laissez cuire pendant 2 minutes, jusqu'à ce que la chair du poisson soit ferme et opaque.

6 Ajoutez les jus de citron. Rectifiez l'assaisonnement et ajoutez la coriandre. Répartissez dans des bols chauds.

23 Soupe crémeuse au saumon fumé et au parmesan

Rapide et facile
Préparation : 10 minutes
Pour 6 personnes

60 cl de crème fraîche épaisse

15 cl de bouillon de légumes chaud, ou d'eau chaude

6 cuillerées à soupe de parmesan râpé

175 g de saumon fumé grossièrement haché

jus de citron fraîchement pressé

sel de mer fraîchement moulu et poivre noir du moulin

saumon fumé débité en lanières très fines pour décorer

Il s'agit là d'une soupe très riche et parfumée, déconseillée dans un régime anti-calorique. Il n'est cependant pas nécessaire d'en servir une grande quantité pour l'apprécier. Juste avant de la présenter, lissez la soupe à l'aide d'un batteur électrique.

1 Versez la crème et le bouillon dans une casserole et ajoutez le parmesan. Portez lentement à ébullition en remuant de temps en temps. Dès que le mélange commence à frémir, retirez du feu, laissez refroidir pendant 1 minute et versez dans le bol d'un mixeur.

2 Ajoutez le saumon fumé et mixez jusqu'à ce que le mélange soit lisse. Ajoutez un ou deux traits de citron, un peu de sel (le saumon fumé et le parmesan sont déjà salés) et beaucoup de poivre noir.

3 Versez dans des petits bols chauds et décorez avec de fines lanières de saumon fumé.

24 Saumon grillé à la purée de pois

Repas sans façon
Préparation : 20 minutes
Pour 4 personnes

30 cl de crème fraîche épaisse

225 g de petits pois congelés

sel de mer fraîchement moulu et poivre noir du moulin

4 pavés de saumon de 140 g

huile d'olive

Les petits pois congelés permettent de préparer une excellente purée. C'est un plat assez riche du fait de la quantité de crème fraîche utilisée, mais il se passe très bien de sauce. Il met en appétit, le rose du saumon tranchant joliment sur le vert de la purée. Accompagnez-le, si vous le souhaitez, de petites pommes de terre nouvelles et d'une salade verte.

1 Portez la crème à ébullition, ajoutez les petits pois et laissez frémir pendant 6 à 7 minutes jusqu'à ce qu'ils s'attendrissent, puis versez le mélange dans le mixeur. Ajoutez sel et poivre selon votre goût et mixez pour obtenir une purée lisse, pas trop épaisse. Si elle colle, ajoutez un peu de crème fraîche ou de lait.

2 Faites chauffer une poêle-gril. Huilez légèrement les pavés et posez-les dans la poêle. Au bout de 2 minutes, faites-les pivoter à 90°, laissez-les griller 2 minutes supplémentaires, puis retournez-les et recommencez pour l'autre face. Vous obtiendrez un beau motif en croisillons à la surface du saumon.

3 Déposez un peu de purée dans chaque assiette et ajoutez le saumon.

25 Sandwich au saumon

Rapide et facile
Préparation : 5 minutes
Pour 2 personnes

4 tranches de votre pain favori

beurre

3 tomates grappes moyennes

175 g de saumon poché ou cuit

jus de citron

1 cuillerée à soupe bombée de mayonnaise

sel de mer fraîchement moulu et poivre noir du moulin

roquette ou cresson

Cette recette n'est sans doute pas de celles que vous vous attendiez à trouver dans un livre de cuisine, mais après les séances photos pour cet ouvrage, nous avions des restes… et faim ! Nous avons alors confectionné des sandwichs que toute l'équipe s'est accordée à déclarer délicieux : voici un exemple.

1 Beurrez les tranches de pain. Coupez les tomates en deux, ôtez les graines et l'eau ; coupez ces moitiés en trois, puis encore en trois dans l'autre sens. Vous avez ainsi haché grossièrement vos tomates, d'une manière rapide et régulière.

2 Émiettez la chair du saumon, agrémentez-la d'un filet de jus de citron et ajoutez les tomates, la mayonnaise, le sel et le poivre. Mélangez bien.

3 Étalez ce mélange sur deux tranches de pain, ajoutez des feuilles de roquette et recouvrez de pain. Pressez doucement, coupez en deux et dégustez.

26 Rillettes de saumon

À préparer à l'avance
Préparation : 30 minutes, plus temps de refroidissement
Pour 4 personnes

350 g de chair de saumon

1/2 jus de citron

115 g de beurre

1/4 de cuillerée à café de macis en poudre

1/4 de cuillerée à café de quatre-épices en poudre

poivre blanc du moulin

2 à 3 cuillerées à soupe d'aromates frais ciselés (persil, ciboulette et estragon)

sel de mer fraîchement moulu

Les rillettes de saumon constituent un classique, tout comme les crevettes conservées dans du beurre fondu. Pour les réaliser, vous devez mélanger le poisson avec du beurre et des épices. Le secret est de ne pas ajouter trop de beurre afin que les rillettes ne soient pas écœurantes. Essayez de trouver du macis en poudre – sa saveur délicate s'accorde parfaitement à celle du saumon.

1 Faites pocher la chair du saumon dans de l'eau frémissante avec la moitié du jus de citron. Retirez la casserole du feu et laissez le poisson refroidir dans le liquide. Quand ce dernier sera froid, le saumon sera parfaitement cuit tout en restant moelleux à l'intérieur. Égouttez et transférez le poisson dans un saladier.

2 Maniez le beurre à la fourchette avec le macis, le quatre-épices, le poivre blanc et les aromates puis, ajoutez le reste du jus de citron.

3 Émiettez grossièrement le saumon et incorporez-le au beurre manié sans trop l'écraser – les rillettes doivent conserver une belle texture. Répartissez dans des ramequins, couvrez et réservez au frais.

4 Sortez du réfrigérateur 30 minutes avant de servir pour laisser les rillettes retrouver la température ambiante. Servez avec du pain grillé bien chaud et des chutneys ou de la marmelade d'oignons.

27 Escalope de saumon à l'Orientale et sauce aux piments doux

Recette légère
Préparation : 20 minutes
Pour 4 personnes

4 escalopes de saumon de 115 g environ (voir page 10)

sel de mer fraîchement moulu et poivre noir du moulin

un trait de jus de citron

POUR LA SALADE À L'ORIENTALE :

1 mangue pelée, dénoyautée et débitée en dés

85 g de germes de soja

1 carotte finement débitée en rubans (utilisez un couteau économe)

1 gros piment rouge doux, finement émincé

50 g de cresson

25 g de coriandre fraîche

2 cuillerées à soupe de noix de cajou grossièrement hachées

1 cuillerée à soupe de graines de sésame

POUR L'ASSAISONNEMENT :

4 cuillerées à soupe de vinaigre de riz

4 cuillerées à soupe d'huile de sésame

4 cuillerées à soupe de sauce piment douce

Ce plat a tout pour lui : un bouquet d'arômes et de textures, et une présentation attrayante. Facile à préparer, la sauce se conserve pendant plusieurs semaines au réfrigérateur. Gardez-la dans une bouteille d'huile pour pizza, parfaite pour arroser le pourtour des assiettes.

1 Mélangez les ingrédients de la salade, assaisonnez et réservez.

2 Mélangez les ingrédients de la sauce et réservez.

3 Poêlez les escalopes de saumon pendant 1 ou 2 minutes de chaque côté, retournez-les sur une assiette avec la peau sur le dessus, salez, poivrez et arrosez d'un filet de jus de citron.

4 Assaisonnez les feuilles de cresson d'une cuillerée à soupe de sauce au piment. Elles doivent être tout juste nappées, sans baigner dans la sauce. Répartissez-les sur les assiettes de service avec la salade à l'Orientale, dressez le saumon dessus, déposez quelques touches de sauce restante sur le pourtour de chaque assiette et servez.

28 Saumon fumé à chaud et salsa à l'avocat

Repas de fête
Préparation : 25 minutes
Pour 4 personnes

115 g de feuilles de salade miniature

5 cl d'huile d'olive de qualité

un trait de jus de citron

sel de mer fraîchement moulu et poivre vert du moulin

225 g de saumon fumé à chaud, grossièrement émietté

POUR LA SALSA :

1 gros avocat bien mûr

2 tomates en grappe bien mûres, pelées, épépinées et débitées en dés de 1 cm

1/2 oignon rouge, finement émincé

1 piment rouge épépiné et finement émincé

1 cuillerée à soupe de gingembre japonais mariné, finement haché

2 cuillerées à soupe de coriandre finement ciselée

2 cuillerées à café de *nam pla* (sauce de poisson thaïlandaise)

jus et zeste d'un citron vert

une pincée de sel de mer fraîchement moulu

POUR LE SIROP :

30 cl de vinaigre balsamique

Ce plat constitue une entrée idéale lorsque vous réunissez de nombreux convives, car toute la préparation peut se faire à l'avance. Façonnez les pâtés de poisson à l'aide d'un emporte-pièce de cuisinier à bord droit. Si vous n'en avez pas, vous pouvez utiliser n'importe quelle sorte de récipient – par exemple un pot de yaourt dont vous aurez découpé le fond.

1 Pour faire la salsa, coupez l'avocat en deux et ôtez le noyau. Coupez chaque moitié en deux et ôtez la peau avant de débiter la chair en dés de 1 cm. Placez-les dans le bol d'un mixeur et ajoutez les autres ingrédients. Mixez bien et réservez à température ambiante pendant 10 minutes pour laisser les arômes se développer.

2 Assaisonnez légèrement les feuilles de salade avec une cuillerée à café d'huile d'olive, un trait de jus de citron, sel et poivre.

3 Placez l'emporte-pièce choisi au centre d'une assiette et remplissez-le à demi de saumon émietté. Pressez légèrement. Finissez de remplir avec la salsa et pressez à nouveau. Ôtez le moule et surmontez de feuilles de salade. Aspergez le pourtour de l'assiette de sirop au vinaigre balsamique, puis d'un peu d'huile d'olive. Vous pouvez aussi déposer une bonne quantité de salsa au centre de chaque assiette, puis disposer dessus le saumon émietté surmonté de feuilles de salade. Assaisonnez de la même manière de sirop et d'huile d'olive.

Sirop au vinaigre balsamique

Faire réduire le vinaigre balsamique en intensifie les arômes et le rend plus épais et sirupeux. Assurez-vous que votre cuisine est bien aérée, car les vapeurs de vinaigre peuvent vous piquer les yeux et vous faire pleurer. Utilisez un vinaigre de qualité moyenne, et non votre meilleur cru de 10 ans d'âge.
Portez le vinaigre à ébullition dans une casserole, et laissez frémir à gros bouillons pendant 8 à 10 minutes, jusqu'à ce qu'il soit réduit environ d'un quart et devienne un peu sirupeux. Surveillez bien la casserole vers la fin pour éviter qu'il ne brûle. Laissez refroidir, puis transvasez dans un récipient hermétique. Vous pouvez faire réduire à l'avance une grande quantité de vinaigre, car il se garde indéfiniment.

29 Saumon poêlé et salsa à la mangue

Repas sans façon
Préparation : 25 minutes
Pour 4 personnes en plat principal ou 6 en entrée

1 filet de saumon de 450 g, sans la peau

2 mangues bien mûres

16 tomates cerises coupées en deux, ou en quatre si elles sont grosses

1/2 oignon rouge finement émincé

2 piments verts épépinés et finement émincés

4 cuillerées à soupe de coriandre grossièrement ciselée

le jus de 1 citron vert

sel de mer fraîchement moulu et poivre noir du moulin

Ce plat original se caractérise par ses arômes frais et toniques. Le saumon n'est que partiellement frit, l'acidité du jus de citron achevant de le cuire. Les mangues – à choisir très mûres – apportent leur douceur, tandis que le piment enflamme le palais. Soyez généreux avec la coriandre.

1 Chauffez une poêle anti-adhésive. Ajoutez le saumon et faites-le cuire 2 à 3 minutes de chaque côté – sa chair doit rester rose à l'intérieur. Retirez de la poêle et laissez refroidir.

2 Coupez les mangues en deux, retirez les noyaux à l'aide d'un couteau économe et coupez la chair en gros morceaux.

3 Ajoutez les tomates coupées en deux, l'oignon rouge, les piments, la coriandre et un bon trait de jus de citron vert ; salez et poivrez.

4 Émiettez grossièrement le saumon et mélangez-le à la salsa avec précaution, en évitant de l'écraser. Répartissez dans des bols et servez.

30 Saumon fumé et haricots verts à la sauce au beurre

Repas de fête
Préparation : 20 minutes
Pour 4 personnes

huile pour la friture

350 g de haricots verts effilés

2 cuillerées à soupe de ciboulette ciselée

6 cuillerées à soupe de sauce au beurre (voir page 20)

250 g de saumon fumé, débité en escalopes (voir page 10)

POUR LA PÂTE À FRIRE :

250 g de farine avec levure incorporée

30 cl de bière blonde

sel de mer fraîchement moulu et poivre noir du moulin

Encore une recette originale, qui allie le fondant du saumon fumé et la texture croustillante des haricots verts frits à l'huile. La crème au beurre à la ciboulette vient adoucir la saveur de cette entrée chaude.

1 Mélangez soigneusement la farine, la bière, le sel et le poivre pour obtenir une pâte lisse.

2 Faites chauffer l'huile à 190° C dans une friteuse électrique ou dans une grande casserole (utilisez un thermomètre si nécessaire). Passez les haricots dans la pâte par petites quantités à la fois, puis plongez-les dans l'huile et laissez-les frire pendant quelques minutes, jusqu'à ce que la pâte soit croustillante. Sortez-les du bain de friture et égouttez-les sur du papier absorbant. Gardez-les au chaud dans le four ouvert pendant que vous cuisez le restant des haricots.

3 Incorporez la ciboulette à la sauce au beurre et gardez cette dernière au chaud (sans la laisser bouillir) pendant que vous cuisez le saumon.

4 Faites chauffer une poêle anti-adhésive jusqu'à ce qu'elle soit très chaude et faites cuire les escalopes sur un seul côté pendant 1 minute, jusqu'à ce qu'elles commencent à brunir tout en restant moelleuses. Disposez-les sur les assiettes et gardez au chaud.

5 Déposez quelques cuillerées de haricots sur chaque assiette, dressez dessus deux tranches de saumon, arrosez de sauce au beurre à la ciboulette et servez immédiatement.

31 Steaks de saumon grillé aux asperges et aux œufs pochés

Repas sans façon
Préparation : 25 minutes
Pour 4 personnes

450 g de pointes d'asperges de taille moyenne

huile d'olive

2 cuillerées à soupe de vinaigre de vin blanc ou 1 jus de citron

4 œufs bien frais, très froids

4 pavés ou darnes de saumon de 175 g

huile d'olive extra vierge

sel de mer fraîchement moulu ou poivre noir du moulin

50 g de parmesan fraîchement râpé

La rencontre heureuse de trois ingrédients dans la même assiette ! Si vous le pouvez, utilisez des œufs de cane pour leur merveilleux jaune orangé. Ne vous inquiétez pas si vous perdez un peu de blanc pendant que les œufs pochent, c'est le jaune qui est important. Les asperges grillées ont un arôme subtil qui rehausse délicatement la saveur de ce plat.

1 Préchauffez le gril à feu moyen. Pendant ce temps, coupez la partie dure des asperges et ôtez-en la peau à l'aide d'un couteau économe. Huilez-les légèrement et faites-les griller pendant 5 à 7 minutes, jusqu'à ce qu'elles soient tendres et légèrement roussies. Réservez au chaud.

2 Nettoyez le gril et faites-le chauffer à nouveau pendant que vous pochez les œufs. Versez 4 cm d'eau bouillante et le vinaigre ou le jus de citron dans une casserole et posez celle-ci sur feu moyen jusqu'à l'apparition de petites bulles au fond, mais pas plus. Cassez les œufs dans l'eau chaude et laissez-les cuire pendant 3 à 4 minutes en les arrosant d'eau chaude de temps en temps. Retirez-les de la casserole à l'aide d'une écumoire et déposez-les sur du papier absorbant.

3 Huilez légèrement le saumon, passez-le au gril (voir page 12) et assaisonnez.

4 Disposez quelques asperges sur chaque assiette. Ajoutez le saumon et surmontez le tout d'un œuf poché. Aspergez d'huile d'olive, salez et poivrez, parsemez de parmesan fraîchement râpé ; servez immédiatement.

32 Samosas de saumon sauce piment

À préparer à l'avance
Préparation : 25 minutes
Pour 6 personnes en entrée

225 g de filet de saumon, sans la peau

1 oignon rouge, finement émincé

2 gousses d'ail, finement hachées

1 petit morceau de gingembre râpé

1 piment rouge épépiné et émincé

50 g de coriandre fraîche, hachée

huile d'olive

un trait de *nam pla* (sauce de poisson thaïlandaise)

un trait de jus de citron ou de citron vert

sel de mer fraîchement moulu et poivre noir du moulin

6 grandes feuilles de pâte feuilletée (grecque de préférence)

beurre fondu

POUR LA SAUCE PIMENTÉE :

4 cuillerées à soupe de ketchup

1 cuillerée à soupe de vinaigre de riz

2 cuillerées à soupe de sauce piment douce

2 cuillerées à café de sauce de soja noire

L'intérêt de ce plat est que toute la préparation se fait à l'avance et que vous n'avez qu'à glisser les samosas au four à la dernière minute. Alliant le croustillant de la pâte et la texture fondante du saumon, c'est un vrai régal.

1 Préchauffez le four à 220° C (thermostat 7).

2 Coupez le saumon en dés de 2 cm dans un saladier. Ajoutez l'oignon, l'ail, le gingembre, le piment et la coriandre. Incorporez quelques gouttes d'huile d'olive, très peu de *nam pla* car il est très fort, du jus de citron ou de citron vert, ainsi qu'un peu de sel et de poivre.

3 En procédant rapidement pour que la pâte ne dessèche pas, pliez chaque feuille en deux dans le sens de la longueur. Repliez-la et enveloppez-la dans un torchon humide (mais non mouillé) ou un film plastique.

4 Prenez une bande de pâte feuilletée, badigeonnez d'un peu de beurre fondu et étalez dessus 1/6 de la garniture, à environ 3 cm de la base. Repliez celle-ci sur la farce, puis rabattez l'un des angles inférieurs afin de le faire coïncider avec l'un des longs côtés, pour créer un triangle. Badigeonnez de beurre fondu, réservez, puis faites de même avec les autres feuilles de pâte. Disposez les samosas sur une plaque de cuisson.

5 Enfournez les samosas pendant 10 à 15 minutes, jusqu'à ce qu'ils soient dorés et croustillants. Lorsqu'ils sont cuits, mélangez les ingrédients de la sauce et réservez. Ajoutez un peu de beurre fondu sur les samosas, saupoudrez-les de sel fraîchement moulu dès qu'ils sortent du four et servez-les avec la sauce à part.

33 Saumon fumé sur toasts

Rapide et facile
Préparation : 15 minutes
Pour 4 personnes

2 cuillerées à soupe de vinaigre de vin blanc ou 1 jus de citron

4 gros œufs

2 petits pains coupés en deux

175 g de saumon fumé en tranches

25 cl de sauce hollandaise « maison » (voir page 21) ou de sauce toute faite, prête à réchauffer

sel de mer fraîchement moulu et poivre noir du moulin

Il est souvent possible de remplacer le jambon par du saumon dans les recettes, car leurs saveurs, sans être identiques loin s'en faut, sont de même intensité. Voici l'une des meilleures « adaptations » réalisées avec du saumon fumé à partir d'une recette de jambon.

1 Préchauffez le gril à la température maximum.

2 Faites pocher les œufs (voir recette des Steaks de saumon grillé aux asperges et aux œufs pochés, page 50).

3 Pendant que les œufs cuisent, passez les petits pains coupés en deux sous le gril jusqu'à ce qu'ils soient légèrement dorés.

4 Disposez un demi petit pain sur chaque assiette chaude et garnissez-le de saumon fumé. Ajoutez un œuf poché et une bonne cuillerée de sauce hollandaise. Assaisonnez de sel et de poivre, et servez.

34 Galettes de saumon et dip à la thaïlandaise

Plat épicé
Préparation : 15 minutes, plus temps de refroidissement
Pour 12 bouchées (ou 4 personnes pour une entrée)

600 g de chair de saumon, sans la peau

1 tige de citronnelle, sans les feuilles, finement ciselée

50 g de coriandre fraîche, grossièrement ciselée

2 piments verts épépinés et émincés

le zeste d'un citron vert finement râpé

1 cuillerée à soupe de *nam pla* (sauce de poisson thaïlandaise)

1 petit œuf

un peu de farine

huile végétale pour la friture

quartiers de citron et brins de coriandre pour servir

POUR LE DIP :

1 gousse d'ail pressée

2 cuillerées à soupe de *nam pla*

1 cuillerée à soupe de jus de citron vert

1 cuillerée à café de sucre

quelques gouttes d'huile pimentée « maison » ou d'huile pimentée prête à l'emploi

1 cuillerée à soupe de coriandre fraîche, ciselée

Cette recette thaïlandaise, aux ingrédients multiples, a pour caractéristique de salir une cuisine de manière étonnante si l'on n'y prend garde, mais le goût délicieux de ces galettes vaut bien un peu de nettoyage... La citronnelle peut être très dure, aussi faut-il en ôter les feuilles extérieures et la hacher menu avant de la passer au mixeur. Le dip, servi dans des petits bols individuels, est une sauce dans laquelle on trempe les aliments avant de les déguster.

1 Éliminez toutes les parties brunes et grasses du saumon, puis coupez la chair en dés. Mettez-les dans le bol d'un mixeur avec la citronnelle, la coriandre, les piments, le zeste de citron vert, le nam pla et l'œuf. Mixez par petits coups successifs jusqu'à obtenir une pâte lisse. Transférez dans un saladier, couvrez et réservez au réfrigérateur pendant une heure.

2 Divisez la pâte en 12, puis formez des boulettes (ce sera plus facile si vous mouillez vos mains). Aplatissez chacune d'entre elles à l'aide de la paume de la main pour obtenir des galettes assez épaisses ; trop fines, elles seraient caoutchouteuses.

3 Mélangez ensemble tous les ingrédients du dip et réservez.

4 Trempez chaque galette dans la farine et secouez-la pour en éliminer l'excès. Versez 5 mm d'huile dans une poêle et faites chauffer jusqu'à ce qu'une noisette de pâte grésille immédiatement lorsque vous l'y plongez. Faites frire les galettes pendant 1 à 2 minutes de chaque côté jusqu'à ce qu'elles prennent une belle couleur brune. Égouttez sur du papier absorbant et servez avec le dip, des quartiers de citron et des brins de coriandre.

35 Saumon fumé aux œufs durs et aux câpres

Rapide et facile
Préparation : 8 minutes
Pour 4 personnes

4 œufs moyens

225 g de saumon fumé en tranches

1 jus de citron

4 cuillerées à café de câpres en saumure, rincées et égouttées

sel de mer fraîchement moulu et poivre noir du moulin

Cette recette a été élaborée de manière fortuite à partir du (maigre) contenu d'un réfrigérateur pour un dîner tardif. Il s'est révélé que le mariage du saumon fumé, des œufs durs et des câpres est tout simplement parfait. Pourquoi ne pas essayer à votre tour ?

1 Pour obtenir les meilleurs résultats, les œufs doivent être à température ambiante – cela diminue le risque de fêlure lorsque vous les plongez dans l'eau bouillante. Remplissez une casserole moyenne d'eau et portez-la à ébullition. Réduisez le feu pour obtenir un frémissement. Plongez prudemment les œufs dans l'eau et laissez-les cuire environ 5 minutes (ajoutez ou retranchez 1 minute selon que vous préférez les jaunes bien durs ou plus moelleux).

2 Retirez les œufs de l'eau et passez-les sous l'eau froide pendant quelques secondes pour en arrêter la cuisson. Tapotez doucement les coquilles pour les craqueler et écalez les œufs.

3 Disposez le saumon en chiffonnade au centre de chaque assiette et arrosez d'un peu de jus de citron. Coupez les œufs en deux et dressez-les sur le saumon. Parsemez d'une cuillerée à café de câpres, assaisonnez les œufs de sel et de poivre (le saumon de poivre uniquement) et servez.

36 Saumon aux deux poivres, sauce Sichuan

Plat épicé
Préparation : 25 minutes
Pour 4 personnes en entrée, 2 pour un plat principal

225 g de filet de saumon dans la queue

1 cuillerée à café 1/2 de sel de mer fraîchement moulu

1 cuillerée à café de poivre de Sichuan en grains

1 cuillerée à café de poivre noir en grains

huile végétale pour la friture

2 cuillerées à soupe de farine avec levure incorporée

POUR LA SAUCE SICHUAN :

3 cuillerées à soupe de sauce de soja claire

2 cuillerées à soupe de vinaigre de riz ou de cidre

1 cuillerée à café de sauce piment douce

3 cuillerées à café d'huile de sésame

poivre noir du moulin

Simple et savoureuse, cette recette nécessite un moulin à café électrique pour moudre le mélange de sel et de poivre. Cela signifie que l'appareil devra être réservé à vos mélanges d'épices si vous ne voulez pas avoir de mauvaises surprises au petit déjeuner ! Vous pouvez aussi écraser sel et poivre à l'aide d'un mortier et d'un pilon. Le sel et le poivre grillés « à sec » développent des arômes merveilleux qui vont bien au-delà de ce qu'ils sont d'habitude.

1 Coupez la chair du saumon en bâtonnets de la taille d'un doigt relativement épais. Couvrez et réservez au frais.

2 Faites chauffer une poêle à fond épais sur feu moyen. Ajoutez le sel et laissez chauffer en remuant pendant deux minutes, jusqu'à ce qu'il devienne un peu gris. Transférez-le dans un bol, faites à nouveau chauffer la poêle, puis ajoutez les deux sortes de poivres et laissez griller en remuant jusqu'à ce que leurs arômes se développent. Réduisez en poudre le mélange de sel et de poivre à l'aide d'un moulin à café ou d'un mortier.

3 Versez de l'huile jusqu'au tiers de la hauteur dans une grande casserole ou une friteuse électrique et faites-la chauffer à 190° C (utilisez un thermomètre si nécessaire). Mélangez la poudre de sel et de poivre à la farine, mettez-la dans un sac en plastique et ajoutez le saumon. Secouez bien le sac pour que tous les bâtonnets de saumon soient assaisonnés de manière uniforme.

4 Mélangez tous les ingrédients de la sauce dans un petit bol et réservez.

5 Préparez un plateau tapissé de papier absorbant. Sortez les bâtonnets de saumon du sac, puis faites-les cuire par petits groupes de 5 ou 6 pendant 30 à 45 secondes, jusqu'à ce qu'ils soient dorés et croustillants à la surface tout en restant tendres à l'intérieur. Sortez-les de l'huile à l'aide d'une écumoire et égouttez-les sur le papier absorbant.

6 Disposez les bâtonnets de saumon sur quatre assiettes chaudes et servez avec la sauce à part.

37 Saumon fumé à l'avocat, sauce Marie-Rose

Rapide et facile
Préparation : 10 minutes
Pour 4 personnes

2 avocats bien mûrs

un trait de jus de citron

200 g de saumon fumé

sel de mer fraîchement moulu et poivre noir du moulin

1 petite laitue miniature, en lanières

quartiers de citron pour servir

POUR LA SAUCE MARIE-ROSE :

5 cuillerées à soupe de mayonnaise

2 cuillerées à soupe de ketchup

une pincée de poivre de Cayenne

Cette recette doit son succès à la sauce Marie-Rose, une grande classique à base de mayonnaise et de ketchup que tout le monde adore. Ajoutez des avocats bien mûrs et un peu de saumon fumé, et vous avez une entrée digne de rivaliser avec le cocktail de crevettes !

1 Coupez les avocats en deux, ôtez les noyaux, pelez-les et débitez la chair en gros dés. Arrosez-les de jus de citron, puis coupez le saumon fumé en gros morceaux. Mélangez le tout dans un saladier.

2 Préparez la sauce Marie-Rose en mélangeant ensemble la mayonnaise, le ketchup et le poivre de Cayenne.

3 Ajoutez environ 3 cuillerées à soupe de sauce Marie-Rose dans le cocktail d'avocats et de saumon. Mélangez bien, goûtez et ajoutez un peu de sauce si nécessaire. Salez et poivrez.

4 Répartissez les feuilles de laitue sur quatre assiettes et dressez dessus le saumon à l'avocat. Garnissez avec un ou deux quartiers de citron.

38 Tarte au saumon et au fromage de chèvre sur lit de tomates au basilic

Repas sans façon
Préparation : 30 minutes, plus refroidissement de la pâte
Pour 4 à 6 personnes

350 g de filet de saumon, sans la peau

5 cl de lait

225 g de saumon fumé en morceaux

2 œufs

2 jaunes d'œufs

20 cl de crème fraîche

1 cuillerée à soupe d'estragon frais, ciselé

sel de mer fraîchement moulu et poivre noir du moulin

175 g de fromage de chèvre émietté

tomates en tranches fines et feuilles de basilic pour servir

POUR LA PÂTE :

225 g de farine

1/2 cuillerée à café de sel

115 g de beurre bien froid

2 jaunes d'œufs

1 à 2 cuillerées à soupe d'eau glacée

Il est très agréable de faire soi-même sa pâte, et souvent beaucoup plus facile qu'on ne le croit. Un mixeur facilite la tâche, mais vous pouvez très bien pétrir votre pâte à la main. Si vous manquez de temps, la qualité des pâtes prêtes à l'emploi est toutefois excellente, et vous n'avez pas d'excuses pour ne pas essayer cette recette. Un moule à tarte à fond amovible est un investissement peu coûteux qui vous évitera les démoulages difficiles.

1 Pour préparer la pâte, mettez la farine, le sel et le beurre dans le bol d'un robot ménager et mixez jusqu'à obtenir la consistance de la chapelure. Ajoutez les jaunes d'œufs et l'eau et mixez à petits coups jusqu'à ce qu'ils commencent à se coaguler. Baissez la vitesse et continuez jusqu'à obtenir une pâte lisse. Roulez celle-ci dans un film plastique et réservez au réfrigérateur 30 minutes.

2 Pendant ce temps, placez le filet de saumon dans une casserole et couvrez de lait. Portez à ébullition, couvrez et laissez frémir 2 minutes. Laissez refroidir.

3 Étalez la pâte sur une surface farinée, afin de garnir un moule de 20 cm de diamètre sur 3 cm de hauteur, ou quatre moules de 10 cm. Piquez la pâte avec la pointe d'une fourchette et placez au réfrigérateur ou au congélateur pendant 15 minutes. Couvrez de papier à toaster et de haricots secs, et passez au four à 190° C (thermostat 5) pendant 15 minutes (10 minutes pour les tartelettes). Ôtez le papier et les haricots et laissez cuire 10 minutes supplémentaires. Sortez du four et laissez refroidir.

4 Sortez le saumon du lait, émiettez-le grossièrement et étalez-le sur la pâte. Ajoutez dessus du saumon fumé.

5 Battez les œufs et les jaunes dans le liquide de pochage avec la crème. Ajoutez l'estragon et assaisonnez (soyez parcimonieux pour le sel). Versez ce mélange sur le saumon et remuez le moule pour bien répartir le liquide, puis émiettez le fromage de chèvre à la surface.

6 Remettez la tarte au four pendant 30 à 35 minutes (20 minutes pour les tartelettes), jusqu'à ce que le dessus soit joliment doré. Servez chaud, mais non brûlant, sur un lit de salade de tomates au basilic.

39 Mousseline de saumon, sauce au beurre

Repas de fête
Préparation : 45 minutes, plus temps de refroidissement
Pour 6 personnes

450 g de chair de saumon, sans la peau

1 œuf moyen

45 cl de crème fraîche épaisse

sel de mer fraîchement moulu et poivre noir du moulin

une pincée de poivre de Cayenne

1 cuillerée à soupe de jus de citron

sauce au beurre blanc réchauffée (voir page 20)

œufs de lumps ou caviar et persil frais ciselé pour décorer

La mousseline est un plat classique, mais bien préparée, sa texture en bouche est fantastique. Ses ingrédients ne supportent pas la chaleur durant la préparation, aussi essayez de les garder aussi froids que possible. Mettez toujours le bol et les lames du mixeur au réfrigérateur pendant une heure avant de les utiliser pour contrebalancer la chaleur de la friction.

1 Si vous préparez le plat juste avant de le servir, préchauffez le four à 190° C (thermostat 5).

2 Réduisez le saumon en purée au mixeur pendant 1 à 2 minutes. Lorsque vous obtenez un mélange lisse et épais (il vous faudra peut-être racler les parois du bol une ou deux fois), ajoutez l'œuf et mixez à nouveau pendant 1 à 2 minutes.

3 Tassez le poisson dans une passoire métallique fine et pressez-le à travers les orifices pour éliminer toute partie ligneuse (avec un gant en caoutchouc pour faciliter le travail). Transférez le saumon dans un plat métallique de faible profondeur et réservez au réfrigérateur.

4 Sortez le plat du réfrigérateur et placez-le dans un autre plat de même taille ou légèrement plus grand, à moitié rempli de glace, pour bien modérer la température du poisson et empêcher la mousseline de tourner.

5 Incorporez progressivement la crème en remuant à l'aide d'une cuiller en bois. La consistance doit être aussi lisse que possible tout en gardant une certaine tenue. Ajoutez ensuite un peu de crème après l'avoir salé, pour éviter de mettre le sel en contact direct avec le poisson, et rendre la mousseline granuleuse. Incorporez le poivre de Cayenne et le jus de citron, puis vérifiez le goût et la consistance. Le mélange doit être frais et relativement salé et citronné – la cuisson atténuera la saveur de l'assaisonnement – et la texture doit être à la fois lisse et consistante.

6 Beurrez 6 ramequins dans lesquels vous répartirez la mousseline. Remplissez-les jusqu'à 1 cm du bord en lissant bien pour éliminer les poches d'air. Si vous ne procédez pas immédiatement à la cuisson, couvrez chaque ramequin d'un film plastique et réservez-les au réfrigérateur. Ils se gardent ainsi 8 heures maximum.

7 Avant la cuisson, couvrez chaque ramequin avec un morceau de papier sulfurisé. Placez-les dans un plat à four que vous remplirez d'eau jusqu'à mi-hauteur des ramequins. Mettez dans le four, préchauffé pendant 12 minutes, jusqu'à ce que la surface soit légèrement bombée.

8 Démoulez chaque mousseline sur une assiette chaude, garnissez de sauce au beurre et de caviar, parsemez de persil ciselé et servez.

40 Saumon gratiné aux courgettes et au citron

À préparer à l'avance
Préparation : 25 minutes
Pour 4 personnes

beurre

4 pavés de saumon de 140 g

POUR LE GRATIN :

85 g de chapelure

25 g de parmesan fraîchement râpé

2 cuillerées à soupe de persil et de basilic fraîchement ciselés

2 cuillerées à soupe de beurre fondu

sel de mer fraîchement moulu et poivre noir du moulin

POUR LES COURGETTES :

3 cuillerées à soupe d'huile d'olive

1 gousse d'ail pressée

2 courgettes moyennes, finement émincées

1/2 **jus de citron**

Ce plat convient aussi bien pour un déjeuner sur le pouce que pour un dîner complet. Vous pouvez mélanger les ingrédients du gratin à l'avance et en garnir les pavés que vous garderez au réfrigérateur jusqu'au moment de les glisser dans le four. Une fois la technique maîtrisée, rien ne vous empêche d'essayer des parfums différents : aromates, ail, piment et épices, tout est permis et vous aurez toujours un contraste fantastique entre la croûte gratinée et la chair tendre du saumon.

1 Préchauffez le four à 220° C (thermostat 7). Beurrez un plat à four et disposez à l'intérieur les pavés de saumon.

2 Mélangez tous les ingrédients du gratin dans un bol jusqu'à la formation de gros grumeaux. Répartissez-les sur le poisson et enfournez pendant 8 à 10 minutes, jusqu'à ce que la surface soit croustillante et dorée. Si la couleur n'est pas franchement dorée après ce laps de temps, glissez le plat sous le gril du four pour éviter de trop faire cuire le saumon.

3 Pendant ce temps, faites chauffer l'huile dans une poêle, ajoutez l'ail et laissez cuire 30 secondes. Incorporez les courgettes et laissez-les cuire 3 minutes, jusqu'à ce qu'elles commencent à prendre couleur et à s'attendrir. Ajoutez le jus de citron, salez et poivrez.

4 Servez le saumon gratiné accompagné d'une portion de courgettes au citron.

41 Bagels grillés aux œufs brouillés et au saumon fumé

Rapide et facile
Préparation : 5 minutes
Pour 2 personnes

4 œufs

10 g de beurre légèrement salé

1 bagel nature coupé en deux

40 g de saumon fumé

10 g de ciboulette ciselée pour servir

Les œufs brouillés et le saumon fumé s'accordent et se complètent naturellement, comme le pain et le fromage. Pour réussir cette recette, il faut éviter de faire trop cuire les œufs (souvenez-vous qu'ils continuent de cuire même hors du feu). Préparez le saumon et le bagel, faites glisser l'œuf sur ce dernier et recouvrez-le d'une tranche de saumon. Vous pouvez évidemment réaliser la même recette sur toast, mais la texture particulière des bagels se marie particulièrement bien au moelleux des œufs brouillés et du saumon fumé.

1 Battez les œufs dans un saladier. Faites fondre le beurre sur feu doux dans une poêle à fond épais. Ajoutez les œufs et laissez cuire pendant 2 à 3 minutes, sans cesser de remuer.

2 Pendant ce temps, faites griller les tranches de bagel jusqu'à ce qu'elles soient dorées. Disposez-les sur les assiettes de service.

3 Quand les œufs ont une consistance crémeuse, retirez-les du feu et répartissez-les sur les tranches de bagel.

4 Recouvrez de saumon fumé, en pinçant légèrement les tranches pour former un petit monticule. Parsemez de ciboulette et servez.

42 Pâté de saumon fumé sur toast

À préparer à l'avance
Préparation : 10 minutes
Pour 4 à 6 personnes

115 g de beurre débité en petits cubes et ramolli

115 g de fromage frais à tartiner

400 g de saumon coupé en petits morceaux

1 jus de citron

sel de mer fraîchement moulu et poivre noir du moulin

8 à 12 tranches de pain blanc

Cette recette est un classique. Vous pouvez y ajouter un zeste de citron, un peu de moutarde, de la crème d'anchois, du persil, de l'aneth ou des câpres selon votre goût. Ce pâté était autrefois servi dans des écorces de citrons évidées, mais ce n'est pas nécessaire pour l'apprécier.

1 Mettez tous les ingrédients sauf le pain dans le bol d'un robot ménager. Mixez jusqu'à obtenir une pâte lisse, en raclant les parois du bol une fois ou deux. Si vous procédez à la main, battez ensemble le beurre et le fromage frais, ajoutez le saumon et mélangez bien. Ajoutez suffisamment de citron pour atténuer la richesse du beurre et du fromage et assaisonnez.

2 Couvrez et réservez au frais pendant deux heures pour que les arômes se développent. Ne servez pas ce pâté dès sa sortie du réfrigérateur : il n'aurait aucun goût, comme la majorité des aliments servis très froids.

3 Préchauffez le gril du four. Faites légèrement griller les tranches de pain dans un grille-pain. Dès qu'elles en sortent, éliminez la croûte à l'aide d'un couteau à dents de scie et coupez-les en deux dans le sens de l'épaisseur pour obtenir deux fines tranches de pain grillées sur un seul côté.

4 Placez les tranches sur une plaque de cuisson, face non grillée vers le haut et laissez-les griller pendant quelques secondes jusqu'à ce qu'elles soient croustillantes et joliment dorées (soyez très attentif, elles brûlent facilement). Répétez jusqu'à ce que toutes vos tranches de pain soient grillées.

5 Tassez le pâté dans un saladier et disposez-le sur la table avec le pain grillé pour que chaque convive se serve à sa convenance.

43 Saumon teriyaki en brochettes

Recette légère
Préparation : 15 minutes, plus temps de la marinade
Pour 4 personnes

450 g de filet de saumon

POUR LA MARINADE :

1 cuillerée à café de sucre en poudre

1 cuillerée à soupe de mirin (vin de riz japonais) ou de xérès sec

2 cuillerées à soupe de sauce de soja claire

1 cuillerée à soupe d'huile de tournesol

1 cuillerée à café de moutarde de Dijon

un trait de jus de citron

2 cuillerées à soupe de miel liquide chauffé

Le saumon teriyaki est assez difficile à cuisiner à la manière traditionnelle car il colle à la poêle du fait de la présence de miel dans la marinade et celle-ci a tendance à brûler avant que le poisson soit cuit. Il est préférable de faire une marinade sans miel et d'en badigeonner les brochettes une fois qu'elles sont cuites. N'oubliez pas de plonger les brochettes en bois dans l'eau avant d'y enfiler le saumon pour éviter qu'elles brûlent à la cuisson.

1 Faites tremper huit brochettes en bambou dans de l'eau froide pendant au moins 30 minutes.

2 Coupez le saumon en longues lanières fines de 2,5 cm de largeur et de 5 mm d'épaisseur environ.

3 Mélangez ensemble tous les ingrédients de la marinade sauf le miel et plongez le saumon dans cette sauce. Couvrez et réservez pendant 10 minutes. Préchauffez une poêle (ou un gril).

4 Enfilez les lanières de saumon en zigzags sur les brochettes. Badigeonnez-le d'un peu d'huile et faites griller 2 minutes de chaque côté. Lorsque les brochettes sont cuites, passez un peu de miel chaud sur chacune d'entre elles et servez.

44 Satays de saumon

Plat épicé
Préparation 20 minutes, plus temps de marinade et de trempage des brochettes
Pour 6 personnes

450 g de filet de saumon

POUR LA MARINADE :

3 gousses d'ail finement hachées

1 cuillerée à café de coriandre en poudre

1 cuillerée à café de cumin en poudre

2 cuillerées à soupe de sucre brun

2 cuillerées à soupe de *nam pla*

6 cuillerées à soupe d'eau de tamarin (voir en bas de page)

2 cuillerées à soupe d'huile d'arachide

POUR LA SAUCE :

20 cl d'huile d'arachide

85 g de graines de cacahuètes

2 piments verts

1 cm de racine de gingembre frais

3 gousses d'ail pelées

20 cl de lait de coco

2 cuillerées à café de sauce de soja noire

4 cuillerées à café de *nam pla*

1 cuillerée à café de sucre brun

le jus de 1/2 citron vert

sel de mer fraîchement moulu et poivre noir du moulin

3 cuillerées à soupe de coriandre ciselée

Originaires du sud de la Thaïlande, les satays sont traditionnellement à base de porc, de poulet ou d'agneau. La recette peut toutefois parfaitement s'adapter au poisson, et notamment au saumon.
Ne vous effrayez pas devant la liste des ingrédients : la sauce et la marinade sont aussi faciles à faire que délicieuses. Ne mixez pas trop la sauce, elle doit garder une consistance assez épaisse. Pour plus d'authenticité, vous pouvez doubler la quantité de piment, mais prévenez vos invités.

1 Faites tremper huit brochettes en bambou dans l'eau froide pendant au moins 30 minutes.

2 Coupez le saumon en longues lanières fines de 2,5 cm de largeur et de 5 mm d'épaisseur environ. Enfilez ces lanières en zigzags sur les brochettes, puis disposez-les dans un plat peu profond.

3 Mélangez tous les ingrédients de la marinade et versez-la sur les brochettes de saumon. Retournez ces dernières pour bien napper le poisson. Couvrez et laissez reposer pendant 1 heure en retournant les brochettes de temps en temps.

4 Pendant ce temps, préparez la sauce. Faites chauffer l'huile dans une poêle de taille moyenne jusqu'à ce qu'elle soit très chaude, puis ajoutez les cacahuètes. Dès qu'elles sont dorées, versez-les rapidement dans une passoire au-dessus d'un saladier, puis transférez-les dans le bol d'un mixeur avec la moitié de l'huile restante et tous les autres ingrédients de la sauce, sauf la coriandre. Mixez pour obtenir un mélange homogène. Ajoutez le reste de l'huile et la coriandre et versez dans des petits bols individuels.

5 Faites chauffer la poêle, ou le gril. Ôtez les brochettes de saumon de la marinade, ajoutez un peu d'huile au pinceau et faites-les griller 1 minute de chaque côté. Servez-les immédiatement avec les petits bols de dip pour tremper.

Eau de tamarin

Faites tremper environ 50 g de pulpe de tamarin séchée dans 8 cuillerées à soupe d'eau chaude pendant 10 minutes. Travaillez la pulpe du bout des doigts, pour en briser les fibres, et pressez-la dans une passoire pour extraire le liquide.

45 Sashimis de saumon

Recette légère
Préparation : 10 à 15 minutes
Pour 4 personnes

450 g de filet de saumon très frais, sans la peau

3 cuillerées à café de wasabi (de préférence la variété en poudre)

25 g de gingembre mariné japonais

4 cuillerées à soupe de sauce de soja

2 cuillerées à soupe du jus de la marinade du gingembre japonais

Les sashimis étant constitués de poisson cru servis avec du wasabi (sauce japonaise très épicée à base de raifort), de gingembre mariné et de sauce de soja, il va sans dire que le saumon doit être de bonne qualité et d'une grande fraîcheur. Ce poisson convient tout particulièrement bien pour cette recette du fait de sa texture un peu grasse et vous serez surpris de la saveur de sa chair crue. Une erreur courante consiste à couper celle-ci le plus finement possible. En fait, elle doit avoir une épaisseur de 5 mm environ et être coupée légèrement en biais. Vous ne serez pas déçu, surtout si vous réussissez à trouver du saumon d'élevage biologique des Orcades.

1 Coupez le saumon en deux le long de la ligne naturelle qui sépare son dos de la partie ventrale. Levez les filets et coupez-les en tranches de 5 mm d'épaisseur. Récupérez chaque tranche au fur et à mesure sur un couteau à lame plate et disposez-la sur l'assiette de service ; la forme naturelle du poisson doit être reconstituée aussi fidèlement que possible.

2 Si nécessaire, préparez le wasabi en vous conformant aux instructions figurant sur le paquet. Déposez-en un petit tas sur l'assiette à côté du poisson.

3 Râpez finement le gingembre mariné et déposez-en un petit tas sur l'assiette à côté du poisson et du wasabi.

4 Enfin, mélangez la sauce de soja et le jus de la marinade du gingembre et versez-les dans un petit bol individuel que vous poserez également sur l'assiette. Servez avec des baguettes.

46 Raviolis de saumon aux aromates, sauce au beurre

Repas de fête
Préparation : 15 minutes, plus temps de refroidissement
Pour 4 personnes en entrée, 2 pour un plat principal

115 g de saumon fumé, coupé en dés

sel de mer fraîchement moulu et poivre noir du moulin

un trait de jus de citron

1 blanc d'œuf très froid

2 cuillerées à soupe de persil et de ciboulette finement ciselés

50 g de filet de saumon, coupé en dés

12 cl de crème fraîche épaisse, très froide

POUR LES PÂTES FRAÎCHES :

140 g de farine

1 œuf moyen

1 jaune d'œuf moyen

POUR LA SAUCE AU BEURRE ET À LA CIBOULETTE :

1 dose de sauce au beurre chaude (voir page 20)

1 cuillerée à soupe de ciboulette finement ciselée

Il ne s'agit pas là d'une recette très simple, mais la plus grande partie du travail peut se faire à l'avance et si vous la réussissez, vous serez récompensé par un plat sublime. Vous aurez en outre appris à maîtriser deux talents : confectionner les pâtes fraîches et la mousse de poisson. Le secret du succès : une pâte exactement à la bonne consistance. Trop de farine, elle sera sèche et se craquellera quand vous la travaillerez, trop peu et elle collera. La pâte parfaite doit avoir la consistance de la pâte à modeler et il n'est pas nécessaire d'y ajouter de la farine pour qu'elle ne colle pas. Vous devrez bien la travailler pour obtenir une texture parfaitement lisse. Il convient donc de la passer dans un rouleau mécanique réglé à son écartement le plus important une douzaine de fois au moins, en la repliant après chaque passage.

1 Assaisonnez les dés de saumon fumé avec du sel, du poivre et du jus de citron. Couvrez et réservez au réfrigérateur.

2 Pour faire les pâtes fraîches, mettez la farine dans le bol d'un mixer et commencez par le faire tourner brièvement. Ajoutez l'œuf entier et le jaune et recommencez à mixer jusqu'à obtenir une sorte de chapelure fine (elle ne doit pas être poudreuse, ni former une boule). Cela prend 2 à 3 minutes.

3 Renversez la pâte sur le plan de travail et pétrissez-la vigoureusement pendant 1 minute avant de former une boule. Enveloppez cette dernière dans un film plastique et réservez au frais au moins 1 heure avant de l'utiliser.

4 Pendant ce temps, préparez la mousseline. Mixez le saumon fumé pendant 1 à 2 minutes, en raclant les parois du bol à une ou deux reprises. Vous obtiendrez une pâte épaisse et lisse. Ajoutez le blanc d'œuf et mixez encore pendant 1 à 2 minutes.

5 Pressez le mélange à travers une passoire fine (cela éliminera les parties dures). Un gant en caoutchouc facilitera cette opération. Transférez dans un saladier peu profond, ajoutez les aromates et les dés de saumon frais et réservez au réfrigérateur pendant au moins une heure.

6 Retirez du réfrigérateur et commencez à incorporer la crème fraîche, par petites quantités à la fois, à l'aide d'une cuiller en bois. La consistance du mélange doit être aussi lisse que possible tout en restant ferme. Salez le restant de la crème et ajoutez-le rapidement au contenu du saladier. Cela évite un contact direct entre le sel et le poisson, qui donnerait à la mousse une texture granuleuse.

7 Sortez la boule de pâte et divisez-la en deux morceaux. Abaissez chacun d'entre eux à 5 mm d'épaisseur. Repliez-les et passez-les dans un rouleau mécanique réglé à son écartement le plus important une douzaine de fois, en repliant la pâte après chaque passage (sans modifier l'écartement), jusqu'à obtenir un rectangle de 7,5 x 18 cm. Cette étape est très importante si vous voulez servir des pâtes al dente.

8 Vous êtes maintenant prêt à étaler la pâte. Commencez avec le rouleau réglé à son écartement le plus important, puis recommencez sans replier la pâte, en diminuant l'écartement d'un cran à chaque passage, jusqu'au plus étroit. Cela vous semblera peut-être très fin, mais souvenez-vous que vous aurez une double couche de pâte quand les raviolis seront formés.

9 Posez les deux bandes de pâte sur le plan de travail très légèrement fariné. À l'aide d'une petite cuiller, déposez des petits tas de mousse de poisson espacés de 5 cm environ sur l'une d'entre elles. Badigeonnez d'eau les bords et les intervalles à l'aide d'un pinceau. Recouvrez de la seconde bande de pâte et imprimez une pression du bout des doigts entre les tas pour coller les feuilles de pâte entre elles et former les raviolis avant de coller les bords extérieurs. Égalisez ces derniers avec une roulette à pâtisserie, puis découpez les raviolis. Réservez-en une seule couche sur un torchon sec jusqu'à la cuisson.

10 Ajoutez la ciboulette à la sauce au beurre et réservez pendant que vous faites cuire les pâtes. Plongez-les dans une grande casserole d'eau bouillante salée et remuez jusqu'à la reprise de l'ébullition. Laissez frémir pendant 2 minutes 1/2, puis sortez les raviolis de l'eau à l'aide d'une écumoire et servez immédiatement avec la sauce au beurre.

Conseils et précautions

Couvrez toujours la pâte avec un film plastique ou un torchon humide lorsqu'elle repose pour éviter qu'elle se dessèche.

N'ajoutez pas d'huile à l'eau de cuisson ; elle n'empêche nullement les pâtes de coller et c'est tout bonnement du gaspillage.

L'abus de farine n'a jamais empêché les pâtes de coller. Au contraire, la farine se transforme en colle à la cuisson et produit des catastrophes. (Utilisez si possible la farine italienne « 00 », la plus fine mouture de farine de blé sur le marché.)

47 Strozzapretis au saumon fumé et au parmesan

Rapide et facile
Préparation : 20 minutes
Pour 6 personnes

450 g de strozzapretis séchés (ou autres pâtes de forme comparable)

sel de mer fraîchement moulu et poivre noir du moulin

225 g de saumon fumé en tranches

16 tomates cerises, coupées en deux

4 cuillerées à soupe de persil ciselé

30 cl de crème fraîche épaisse

6 cuillerées à soupe de parmesan râpé

Les strozzapretis sont des pâtes courtes et torsadées qui n'ont pas leurs pareilles pour recueillir la sauce, ce qui est exactement ce dont nous avons besoin avec cette recette qui mêle délicieusement la crème et le parmesan. C'est un plat vraiment rapide et facile à préparer, son seul défaut étant peut-être un apport excessif en calories. Comme pour toutes des recettes simples, la qualité des ingrédients est essentielle ; essayez de trouver du parmesan estampillé parmigiano reggiano – c'est de loin le meilleur et vous pouvez être sûr qu'il est authentique car le mot reggiano est imprimé sur toute sa croûte.

1 Faites cuire les pâtes selon les instructions figurant sur le paquet dans une grande quantité d'eau bouillante salée – plus la casserole sera grande, moins elles auront de chances de coller. Remuez de temps en temps.

2 Coupez le saumon fumé en lanières, puis mélangez-le avec les tomates cerises et la moitié du persil.

3 Versez la crème fraîche dans une casserole et portez-la à ébullition. Laissez-la épaissir pendant 1 minute, puis incorporez 4 cuillerées à soupe de parmesan et ajoutez du poivre noir.

4 Égouttez les pâtes et nappez-les de crème au parmesan. Vous pouvez dresser le saumon et les tomates sur les pâtes ou mélanger tous les ingrédients. Parsemez du reste de persil et de parmesan et servez immédiatement.

48 Saumon poché et pappardelles à la roquette et au parmesan

Rapide et facile
Préparation : 15 minutes
Pour 4 personnes

450 g de saumon fumé, sans la peau

350 g de pappardelles séchées

2 cuillerées à soupe d'huile d'olive

4 cuillerées à soupe de pesto « maison » (voir page 13) ou de pesto prêt à l'emploi

115 g de feuilles de roquette lavées et séchées

sel de mer fraîchement moulu et poivre noir du moulin

50 g de parmesan en copeaux

Voici exactement le genre de recette qui convient à un dîner estival. Si vous préparez le pesto à l'avance, le reste est facile. La roquette s'attendrit au contact des pâtes plus qu'elle ne cuit, ce qui lui permet de conserver texture et couleur. Accompagnez ce plat d'une salade de tomates au basilic et d'une bonne bouteille de Chardonnay.

1 Mettez le saumon dans une casserole peu profonde et couvrez-le d'eau. Portez lentement juste avant le point d'ébullition et laissez frémir pendant 5 minutes jusqu'à ce que le saumon soit cuit. Transférez-le sur une assiette et laissez refroidir légèrement avant d'en émietter grossièrement la chair.

2 Plongez les pappardelles dans une grande casserole d'eau bouillante salée et cuisez-les selon les instructions figurant sur le paquet, jusqu'à ce qu'elles soient al dente. Égouttez bien, remettez sur le feu et ajoutez immédiatement l'huile d'olive et le pesto. Ajoutez la roquette et mélangez jusqu'à ce qu'elle commence à s'amollir.

3 Ajoutez le saumon et répartissez le contenu de la casserole dans quatre assiettes chaudes. Assaisonnez de sel et de poivre et parsemez de copeaux de parmesan.

49 Saumon grillé aux pennes et aux légumes

Repas sans façon
Préparation : 35 minutes
Pour 4 personnes

1 petite aubergine coupée en tranches de 1 cm dans le sens de la longueur, salée et égouttée

2 poivrons rouges longs, coupés en deux et épépinés

2 courgettes moyennes, coupées en trois dans le sens de la longueur

10 cl d'huile d'olive (un peu plus pour rôtir)

350 g de pennes séchées

4 cuillerées à soupe de basilic grossièrement ciselé

2 cuillerées à soupe de pignons de pin grillés

jus de 1/2 citron

sel de mer fraîchement moulu et poivre noir du moulin

4 pavés de saumon de 140 g

50 g de parmesan râpé

Vous avez vraiment besoin d'une poêle-gril ou d'un barbecue pour restituer la vraie saveur des légumes cuits au gril. Vous pouvez également les faire rôtir en haut de votre four, mais ils n'auront pas la même légère amertume due à la fumée. Les légumes peuvent être rôtis à l'avance et réchauffés au dernier moment. Ils se gardent très bien dans un bocal, sous une couche d'huile, pendant plus d'une semaine au réfrigérateur.

1 Faites chauffer la poêle-gril jusqu'à ce qu'elle soit très chaude. Rincez bien les aubergines, puis essuyez-les. Badigeonnez les légumes d'huile à l'aide d'un pinceau, puis faites-les rôtir dans la poêle jusqu'à ce qu'ils soient tendres et joliment colorés. Transférez-les dans un saladier et laissez-les refroidir légèrement.

2 Faites cuire les pâtes selon les instructions figurant sur le paquet, jusqu'à ce qu'elles soient *al dente*. Pendant ce temps, coupez les légumes rôtis en dés d'environ 1 cm.

3 Quand les pâtes sont cuites, égouttez-les, puis remettez-les sur le feu avec l'huile d'olive, les dés de légumes, le basilic, les pignons de pin, le jus de citron. Salez et poivrez. Maintenez au chaud pendant que vous cuisinez le saumon.

4 Faites chauffer à nouveau la poêle. Huilez légèrement les pavés de saumon et mettez-les dans la poêle. Après 2 minutes, faites-les pivoter à 90° et poursuivez la cuisson pendant 2 minutes supplémentaires, puis retournez-les et faites de même de l'autre côté. Ils doivent présenter le motif en croisillons caractéristique du barbecue. Ajoutez le parmesan dans les pâtes. Répartissez les pennes aux légumes dans quatre bols de service, dressez le saumon et servez.

50 Saumon fumé à la carbonara

Rapide et facile
Préparation : 15 minutes
Pour 4 personnes

225 g de saumon fumé en tranches

350 g de linguines ou de spaghettis séchés

25 g de beurre

2 gousses d'ail légèrement écrasées, mais encore entières

4 cuillerées à soupe de vin blanc sec

3 œufs frais

85 g de parmesan râpé

3 cuillerées à soupe de persil ciselé

sel de mer fraîchement moulu et poivre noir du moulin

La sauce de ce plat est obtenue en battant des œufs qui sont ensuite versés sur les pâtes chaudes pour cuire à leur contact. Comme pour les œufs brouillés, le secret est de ne pas trop les faire chauffer, et la chaleur des pâtes est généralement suffisante pour qu'ils deviennent crémeux sans durcir. Le saumon fumé remplace ici la pancetta de la recette classique. Il convient de l'ajouter juste avant de servir.

1 Coupez le saumon fumé en lanières et réservez.

2 Faites cuire les pâtes dans l'eau bouillante salée selon les instructions figurant sur le paquet, jusqu'à ce qu'elles soient al dente.

3 Pendant ce temps, faites fondre le beurre dans une casserole de taille moyenne et ajoutez l'ail. Laissez-le dorer, puis retirez-le de la casserole et écartez-le. Ajoutez le vin blanc et laissez bouillir jusqu'à ce qu'il soit presque totalement réduit. Laissez refroidir légèrement, puis incorporez les œufs, le parmesan, le persil, le sel et le poivre, en battant.

4 Égouttez les pâtes et remettez-les sur le feu. Versez rapidement dessus les œufs battus et mélangez bien. La chaleur des pâtes doit suffire à cuire les œufs ; dans le cas contraire, faites chauffer à feu doux en tournant pendant quelques secondes pour achever la cuisson.

5 Répartissez dans quatre bols chauds et couronnez de lanières de saumon fumé. Servez immédiatement.

51 Saumon rôti au beurre citronné, aux tagliatelles et au persil

Rapide et facile
Préparation : 25 minutes
Pour 4 personnes

50 g de beurre

le zeste finement râpé et le jus d'un citron

sel de mer fraîchement moulu et poivre noir du moulin

4 pavés de saumon de 175 g, avec la peau

350 g de tagliatelles séchées

4 cuillérées à soupe de persil ciselé

Cette recette est aussi simple que savoureuse. Si vous avez le temps, vous pouvez faire vous-même des pâtes fraîches. Sinon, les tagliatelles ou les linguines séchées sont parfaites. Le goût fabuleux de ce plat en revient aux sucs du saumon qui se mêlent au beurre fondu et au citron dans le four ; quand vous verserez cette sauce sur les pâtes, utilisez une spatule pour ne pas en perdre la moindre goutte.

1 Préchauffez le four à 200° C (thermostat 6).

2 Faites fondre le beurre dans un plat à rôtir et ajoutez le jus et le zeste de citron. Assaisonnez largement de sel et de poivre.

3 Mettez les pavés de saumon dans le plat en les retournant plusieurs fois pour bien les imprégner de beurre citronné, et en terminant la peau vers le bas. Enfournez pendant 7 à 8 minutes, jusqu'à ce que les pavés soient cuits tout en restant humides à l'intérieur. Pour vérifier si le saumon est à point, pincez sa partie la plus grasse ; la chair doit résister légèrement. Si elle est encore gélatineuse, remettez le poisson au four pendant 2 minutes supplémentaires. Si elle est dure, le saumon est trop cuit.

4 Pendant que le poisson cuit, plongez les pâtes dans une grande casserole d'eau bouillante salée et cuisez-les selon les instructions figurant sur le paquet jusqu'à ce qu'elles soient al dente. Sortez le saumon du plat de cuisson et posez-le sur une assiette chaude. Égouttez les pâtes, mélangez-les aux sucs de cuisson du poisson et ajoutez le persil. Répartissez-les entre quatre assiettes chaudes, dressez le saumon et régalez-vous !

52 Saumon poêlé aux tagliatelles et aux tomates rôties

Repas sans façon
Préparation : 25 minutes
Pour 4 personnes

450 g de tomates en grappes, coupées en deux dans le sens de la largeur

5 cuillerées à soupe d'huile d'olive

1 gousse d'ail pressée

sel de mer fraîchement moulu et poivre noir du moulin

350 g de tagliatelles aux œufs, séchées

4 cuillerées à soupe de basilic grossièrement ciselé

225 g de jeunes feuilles d'épinards, triées et lavées

4 pavés de saumon de 115 g

La sauce aux tomates rôties est une spécialité méditerranéenne préparée au four qui possède une merveilleuse texture granuleuse. Il est toutefois nécessaire d'avoir des tomates de bonne qualité pour la réussir. Recherchez des tomates en grappes, elles sont plus parfumées. Les épinards se cuisant au contact des pâtes chaudes, il est préférable de n'utiliser que les feuilles les plus jeunes.

1 Préchauffez le four à 200° C (thermostat 6). Disposez les tomates dans un plat à rôtir, arrosez-les de 3 cuillerées à soupe d'huile d'olive, ajoutez l'ail et assaisonnez de sel et de poivre noir fraîchement moulus. Enfournez et laissez rôtir pendant 15 à 20 minutes, jusqu'à ce que les tomates commencent tout juste à s'affaisser ou à se fendiller.

2 Cuisez les pâtes selon les instructions figurant sur le paquet jusqu'à ce qu'elles soient al dente, égouttez-les et remettez-les dans la casserole.

3 Sortez le plat de tomates du four et écrasez-les en purée avec le dos d'une fourchette. Ajoutez le basilic et mélangez. Rectifiez l'assaisonnement, puis versez dans le plat de pâtes. Mettez ensuite les épinards, mélangez bien et réservez au chaud.

4 Faites chauffer une poêle anti-adhésive. Lorsqu'elle est très chaude, déposez les pavés de saumon. Ne les cuisez que d'un côté et retirez-les dès que la face supérieure commence à prendre couleur.

5 Répartissez les pâtes entre quatre bols chauds, dressez dessus les pavés de saumon et servez immédiatement.

53 Laksa de saumon

Plat épicé
Préparation : 25 minutes
Pour 4 personnes

2 piments rouges (ou plus si vous le souhaitez)

2 gousses d'ail hachées

5 cm de racine de gingembre, pelée et émincée

1 cuillerée à café de coriandre en poudre

4 cuillerées à soupe de coriandre grossièrement ciselée

2 cuillerées à soupe de menthe fraîche grossièrement ciselée

1 cuillerée à soupe d'huile de sésame

1 cuillerée à soupe d'huile de tournesol

80 cl de lait de coco

60 cl de fumet de poisson ou de bouillon de légumes

3 cuillerées à soupe de *nam pla* (sauce de poisson thaïlandaise)

1 jus de citron

3 oignons verts finement émincés

350 g de filet de saumon débité en médaillons (voir pages 10 et 11)

140 g de nouilles plates à la farine de riz, séchées

Comme les satays, les laksas sont vendus en Asie à tous les coins des rues. Les ingrédients qui entrent dans leur composition, s'ils semblaient exotiques il y a quelques décennies, sont désormais disponibles dans la plupart des supermarchés, et vous pouvez découvrir dans votre propre cuisine toutes les saveurs de l'Asie.

1 Mettez les piments épépinés, l'ail, le gingembre, la coriandre, la menthe et l'huile de sésame dans le bol d'un mixeur, et réduisez le tout en purée.

2 Faites chauffer une grande poêle, ajoutez l'huile de tournesol, puis la purée de piments et laissez frire pendant 1 minute en remuant bien. Ajoutez le lait de coco et le bouillon, portez à ébullition et laissez frémir pendant 10 minutes. Incorporez le *nam pla*, le jus de citron, les oignons émincés et le saumon. Laissez cuire à petits bouillons pendant quelques secondes.

3 Pendant ce temps, faites cuire les nouilles selon les instructions figurant sur le paquet.

4 Disposez les nouilles dans quatre bols chauds, et couvrez-les de bouillon, en vous assurant que les médaillons de saumon sont répartis de manière égale.

54 Saumon poêlé aux nouilles, aux légumes et aux épices

Plat épicé
Préparation : 30 minutes
Pour 4 personnes

225 g de nouilles moyennes

1 jus de citron

3 cuillerées à soupe de coriandre grossièrement ciselée

4 cuillerées à café d'huile de sésame

4 pavés de saumon de 170 g, sans la peau

sel de mer fraîchement moulu et poivre noir du moulin

POUR LES LÉGUMES AUX ÉPICES :

1 petit chou-fleur divisé en bouquets

1/2 chou chinois, émincé

6 oignons verts coupés en tronçons de 3 cm

2 cuillerées à soupe d'huile

1 poivron rouge épépiné, coupé en lanières de 5 mm

2 piments rouges ou verts, épépinés et débités en anneaux

2 gousses d'ail finement hachées

4 cm de racine de gingembre pelée, coupée en tranches, puis finement émincée

1 cuillerée à soupe de sauce de soja noire

2 cuillerées à soupe de *nam pla* (sauce de soja thaïlandaise)

2 cuillerées à soupe de *ketchap manis* (sauce de soja douce indonésienne)

Ce mélange de saveurs orientales mettra en valeur tous les légumes « oubliés » au fond de votre réfrigérateur. Le chou-fleur convient toutefois particulièrement bien pour cette recette, car il absorbe tous les sucs de cuisson. Si vous ne trouvez pas de kechap manis, remplacez-le par une cuillerée à soupe de sucre brun mélangée au même volume de sauce de soja noire.

1 Pour préparer les légumes, faites blanchir le chou-fleur dans l'eau bouillante pendant 4 minutes, puis ajoutez le chou chinois pendant 15 secondes. Égouttez bien et rafraîchissez dans une grande quantité d'eau froide. Égouttez à nouveau et transférez dans un saladier avec les oignons verts.

2 Portez une grande casserole d'eau à ébullition, ajoutez une cuillerée à café de sel, puis les nouilles. Retirez du feu et remuez avec une fourchette. Laissez reposer pendant 4 minutes, remuez à nouveau, puis égouttez. Remettez les nouilles dans la casserole, arrosez de la moitié du jus de citron, parsemez de coriandre et mélangez. Couvrez et réservez au chaud.

3 Faites chauffer l'huile végétale dans une grande poêle ou dans un wok. Ajoutez le poivron rouge, les piments, l'ail et le gingembre et faites revenir le tout sur feu vif pendant 30 secondes. Incorporez le chou-fleur, le chou et l'oignon vert et laissez chauffer encore 2 minutes. Ajoutez la sauce de soja, le *nam pla*, le *kechap manis* et environ 2 cuillerées à soupe d'eau. Laissez cuire 30 secondes supplémentaires, jusqu'à ce que le liquide commence à s'épaissir.

4 Faites chauffer l'huile de sésame dans une poêle de taille moyenne. Lorsqu'elle est chaude, déposez les pavés de saumon et laissez-les cuire jusqu'à ce qu'ils prennent une belle couleur. Arrosez avec le jus de citron restant et assaisonnez.

5 Répartissez les nouilles entre quatre assiettes de service chaudes. Dressez dessus les filets de saumon et ajoutez les légumes aux épices.

55 Saumon à la vapeur et nouilles aux épices

Rapide et facile
Préparation : 15 minutes
Pour 4 personnes

1 cuillerée à soupe d'huile de tournesol

4 pavés de saumon de 140 g, avec la peau

1 piment rouge débité en petits dés

1/2 poivron rouge finement émincé

3 oignons verts finement émincés

1 gousse d'ail finement hachée

2,5 cm de racine de gingembre, pelée et finement râpée

1 cuillerée à soupe de *nam pla* (sauce de poisson thaïlandaise)

1 cuillerée à soupe de jus de citron vert

sel de mer fraîchement moulu et poivre noir du moulin

1 bouillon cube aux légumes

200 g de nouilles moyennes aux œufs

2 cuillerées à soupe de coriandre grossièrement ciselée

Cette recette est l'équivalent d'un plat instantané, mais au lieu d'être truffé de conservateurs et d'additifs, elle ne comporte que des ingrédients frais et savoureux. Les nouilles aux œufs doivent faire partie de votre fond de cuisine ; il suffit de les faire tremper dans l'eau bouillante pendant 4 minutes pour les préparer.

1 Pour faire cuire le saumon, remplissez d'eau le fond d'une marmite et posez-la sur le feu. Versez un peu d'huile au fond d'un plat résistant à la chaleur de même diamètre que la marmite, disposez le saumon dessus et ajoutez le piment, le poivron rouge, l'oignon vert, l'ail, le gingembre, le *nam pla* et le jus de citron vert. Assaisonnez et couvrez d'un film plastique. Tendez un torchon propre sur la marmite pour sortir plus facilement le poisson quand il sera cuit et posez-le dessus. Couvrez et laissez cuire pendant 8 minutes environ.

2 Pendant ce temps, faites cuire les nouilles. Portez à ébullition une grande casserole d'eau, ajoutez le cube de bouillon et une pincée de sel, remuez pour qu'ils se dissolvent, puis ajoutez les nouilles. Retirez la casserole du feu et mélangez avec une fourchette. Laissez reposer pendant 4 minutes, mélangez à nouveau et égouttez, en réservant 5 cuillerées à soupe de bouillon pour un usage ultérieur.

3 Retirez le saumon de la marmite, ôtez le film plastique et versez tout le jus sur les nouilles. Ajoutez le bouillon réservé et la coriandre et mélangez bien. Répartissez les nouilles entre quatre bols, dressez les pavés de saumon et couronnez avec les légumes.

56 Salade de saumon poché et nouilles à l'Orientale

Plat épicé
Préparation : 20 minutes, plus le temps de la marinade
Pour 4 personnes

175 g de vermicelles de riz ou de nouilles à sauter thaïlandaises

1 cuillerée à café d'huile de sésame

1 poivron rouge, épépiné et finement émincé

4 oignons verts, finement émincés

15 cm de concombre, pelé, épépiné et finement émincé

450 g de saumon poché froid (voir pages 12-13)

50 g de coriandre fraîche, grossièrement ciselée

POUR LA SAUCE :

4 cuillerées à soupe de *nam pla* (sauce de poisson thaïlandaise)

4 cuillerées à soupe de jus de citron vert

1/2 cuillerée à café de piment séché

1 cuillerée 1/2 de sucre

1 gousse d'ail pressée

Cette recette est dédiée à tous les ennemis des salades. Avec ses arômes et ses textures hors du commun, ce plat constitue un vrai bonheur gustatif. Les vermicelles s'imprègnent à merveille des saveurs de la sauce et contrastent agréablement avec le croquant du poivron, du concombre et des oignons verts. Préparez cette salade deux heures à l'avance pour laisser aux arômes le temps de se développer.

1 Cuisinez les nouilles selon les instructions figurant sur le paquet. Égouttez-les bien et mélangez-les à l'huile de sésame.

2 Mélangez tous les ingrédients de la sauce. Ajoutez le poivron rouge, les oignons verts et le concombre dans les nouilles, ainsi que 6 cuillerées à soupe de sauce.

3 Émiettez le saumon et ajoutez-le aux nouilles. Couvrez et réservez pendant environ 2 heures pour laisser les arômes se développer.

4 Ajoutez la coriandre et répartissez la salade dans quatre assiettes. Versez le restant de la sauce au bord de chaque assiette et servez.

57 Risotto aux aromates et carpaccio de saumon

Repas de fête
Préparation : 40 minutes
Pour 6 personnes

8 cl d'huile d'olive

1 oignon finement émincé

450 g de riz (arborio, carnaroli, vialone ou nano)

15 cl de vin blanc sec

environ 1,5 litre de bouillon chaud de légumes ou de poulet

sel de mer fraîchement moulu et poivre noir du moulin

25 g de beurre

4 à 6 cuillerées à soupe d'aromates ciselés (persil, basilic, thym, cerfeuil)

85 g de parmesan râpé

350 g de filet de saumon très frais, débité en tranches fines

un trait de jus de citron

L'idée de cette recette a été « empruntée » au menu du magnifique hôtel San Pietro di Positano sur la côte d'Amalfi en Italie. Ils utilisent là-bas du bar pour ce plat dans lequel la chaleur du risotto suffit à cuire très légèrement le poisson. Il semble que le saumon écossais se prête encore mieux à cette préparation que le bar de la Méditerranée !

1 Faites chauffer l'huile dans une grande casserole et ajoutez l'oignon. Laissez-le fondre doucement pendant 3 à 5 minutes. Ajoutez le riz et mélangez bien, puis versez le vin blanc et faites bouillir à gros bouillons, jusqu'à ce que le liquide soit presque totalement réduit.

2 Commencez à ajouter le bouillon louche par louche, en remuant après chaque louche jusqu'à ce que le liquide soit absorbé. Continuez jusqu'à ce que le riz soit tendre et crémeux tout en restant ferme. (L'opération prend plus ou moins 30 minutes selon la qualité du riz.)

3 Goûtez le risotto et assaisonnez-le avec du sel et beaucoup de poivre noir. Ajoutez le beurre, les aromates et le parmesan. L'amidon du riz épaissit le bouillon et lui donne son crémeux, tandis que le beurre et le parmesan apportent son bel aspect luisant au risotto.

4 Répartissez à la louche dans des bols chauds et peu profonds, disposez dessus les tranches de saumon et ajoutez un trait de citron. Passez à table avant que le saumon soit trop cuit !

58 Risotto au saumon, aux pois et au bacon

Repas sans façon
Préparation : 45 minutes
Pour 4 personnes

6 cl d'huile d'olive

130 g de cubetti di pancetta ou de jambon fumé en dés

1 oignon finement émincé

1 gousse d'ail finement hachée

225 g de riz (arborio de préférence)

20 cl de vin blanc sec

environ 85 cl de bouillon de poulet chaud

50 g de beurre

50 g de parmesan finement râpé, voire un peu plus pour servir (facultatif)

225 g de filet de saumon débité en dés de 1 cm

175 g de petits pois frais ou surgelés

2 à 3 cuillerées à soupe de menthe ciselée, voire un peu plus pour servir (facultatif)

sel de mer fraîchement moulu et poivre noir du moulin

Encore un risotto, mais plus roboratif que le précédent. Utilisez de préférence des petits pois frais, mais les surgelés donnent de bons résultats. Si vous ne trouvez pas de pancetta, achetez du jambon fumé. Enfin, choisissez de préférence du saumon écossais. Vous avez tous les ingrédients pour préparer un risotto dans lequel le goût salé du jambon, contrastant avec la douceur des pois, constituera une base insolite pour les savoureux dés de saumon.

1 Faites chauffer l'huile d'olive dans une grande casserole. Ajoutez le jambon, l'oignon et l'ail, puis faites sauter sur feu moyen jusqu'à ce que le jambon soit légèrement bruni et que l'oignon soit devenu translucide.

2 Ajoutez le riz et mélangez pendant 2 minutes pour bien l'enrober d'huile. Ajoutez le vin blanc et laissez frémir pendant 4 à 5 minutes, jusqu'à ce que le liquide soit pratiquement absorbé par le riz.

3 Commencez à ajouter le bouillon louche par louche, en remuant après chaque louche jusqu'à ce que le liquide soit absorbé. Continuez jusqu'à ce que le riz soit tendre et crémeux, tout en restant ferme. L'opération prend plus ou moins 30 minutes selon la qualité du riz.

4 Ajoutez le beurre et le parmesan et mélangez jusqu'à ce que le risotto prenne une belle apparence crémeuse. Incorporez les dés de saumon et les petits pois, laissez cuire encore 3 minutes sur feu très doux, puis ajoutez la menthe.
La durée totale de la cuisson est de 40 minutes environ.

5 Rectifiez l'assaisonnement, répartissez le risotto dans quatre bols chauds ; parsemez de menthe et de parmesan si vous le souhaitez.

NB Ce risotto doit rester assez liquide et ne pas se détacher des bords de la casserole. S'il est trop épais, ajoutez un peu d'eau chaude.

59 Saumon grillé et galettes de risotto aux aromates

À préparer à l'avance
Préparation : 45 minutes
Pour 4 personnes

4 cuillerées à soupe d'huile d'olive (un peu plus pour badigeonner le poisson)

1 petit oignon finement émincé

1 gousse d'ail finement hachée

225 g de riz arborio ou autre variété pour risotto

15 cl de vin blanc sec

environ 85 cl de bouillon de légumes chaud (ou de fumet de poisson)

4 cuillerées à soupe d'aromates finement ciselés (persil, thym, basilic, cerfeuil)

50 g de parmesan finement râpé

sel de mer fraîchement moulu et poivre noir du moulin

1 œuf moyen, battu

farine

beurre pour la friture

4 steaks de saumon de 115 g

feuilles de roquette pour servir

sauce verte (voir page 17)

S'il vous arrive d'avoir la main un peu lourde en préparant vos risottos, ne vous désolez pas : rien n'est plus facile que de transformer les restes en délicieuses galettes. Nous avons ici garni ces dernières de saumon et d'une poignée de feuilles de roquette.

1 Faites chauffer l'huile d'olive dans une grande casserole. Ajoutez l'oignon et l'ail et laissez revenir sur feu moyen jusqu'à ce que l'oignon devienne translucide. Ajoutez le riz et mélangez pendant quelques minutes, jusqu'à ce que tous les grains soient bien enrobés d'huile. Incorporez le vin blanc et laissez frémir pendant 4 à 5 minutes en remuant, jusqu'à ce que le liquide soit presque totalement absorbé.

2 Ajoutez la moitié du bouillon et portez à ébullition sans cesser de remuer. Réduisez le feu et laissez frémir jusqu'à ce tout le bouillon soit absorbé. Ajoutez le reste du bouillon et poursuivez la cuisson en remuant de temps en temps jusqu'à ce que le riz soit tendre et la texture épaisse et crémeuse.

3 Ajoutez les aromates ciselés et le parmesan et assaisonnez de sel et de poivre. Laissez cuire pendant 2 minutes, puis sortez la casserole du feu. Laissez refroidir pendant 1 à 2 minutes, puis incorporez l'œuf battu. Répandez ce mélange sur une plaque jusqu'à ce qu'il soit assez froid pour être manipulé.

4 Divisez le risotto en quatre et façonnez des boulettes que vous aplatirez comme des hamburgers. Posez les galettes sur une grille et réservez-les au réfrigérateur 30 minutes. Lorsqu'elles sont fermes, poudrez-les légèrement de farine, de sel et de poivre. Faites fondre un peu de beurre dans une poêle anti-adhésive et laissez rissoler les galettes environ 3 minutes de chaque côté, jusqu'à ce qu'elles soient bien dorées. Réservez au chaud dans le four pendant que vous cuisinez le saumon.

5 Faites chauffer une poêle-gril. Lorsqu'elle est bien chaude, badigeonnez le poisson d'huile, puis faites-le griller (voir page 12) et assaisonnez-le.

6 Coupez soigneusement les galettes en deux dans le sens horizontal, posez une des moitiés sur une assiette, couvrez de feuilles de roquette puis d'un steak de saumon, et couronnez de la seconde tranche de risotto : voici un sandwich des plus sophistiqués. Servez avec une sauce verte et de la roquette.

60 Kedgeree de saumon fumé à chaud

Repas sans façon	
Préparation : 30 minutes	
Pour 4 personnes	

175 g de riz long grain

85 g de beurre

225 g de grosses tomates cerises coupées en deux

1 botte d'oignons verts émincés

1 cuillerée à soupe de pâte de curry douce

350 g de saumon fumé à chaud, grossièrement émietté

sel de mer fraîchement moulu et poivre noir du moulin

4 œufs à peine durs

3 cuillerées à soupe de coriandre ou de persil ciselé

1 gros piment rouge épépiné et émincé

Le saumon fumé à chaud n'a en principe rien à voir avec le kedgeree, mais sa saveur se marie à merveille avec celle du riz blanc, des œufs et des épices subtiles de ce plat anglo-indien. Traditionnellement dégusté au petit déjeuner, il convient parfaitement pour un dîner tardif entre amis.

1 Cuisinez le riz selon les instructions figurant sur le paquet ou plongez-le dans de l'eau bouillante salée jusqu'à ce qu'il soit tendre. Égouttez-le bien.

2 Faites fondre le beurre dans une grande sauteuse et ajoutez les tomates, face coupée vers le fond. Laissez cuire à feu vif pendant 2 à 3 minutes sans remuer, puis retournez-les. Ajoutez les oignons verts et laissez mijoter pendant 1 minute. Incorporez la pâte de curry en remuant, puis le riz et le saumon et poursuivez la cuisson jusqu'à ce que le tout soit bien chaud. Transférez dans un grand plat de service chaud.

3 Écalez les œufs, coupez-les quartiers et disposez-les sur le plat. Parsemez de coriandre ou de persil et de piment et servez bien chaud.

61 Pilaf de saumon safrané aux raisins secs et aux pignons

Repas sans façon
Préparation : 25 minutes
Pour 4 personnes

50 g de beurre

50 g de pignons de pin

1 gros oignon finement émincé

5 cm de racine de gingembre pelée et émincée

225 g de riz longs grains

50 g de raisins secs

le zeste d'une orange finement râpé

une bonne pincée de cannelle

2 clous de girofle

1 cuillerée à café de filaments de safran

sel de mer fraîchement moulu et poivre noir du moulin

70 cl à 1 litre de fumet de poisson ou de bouillon de légumes bouillant

550 g de filets de saumon débités en gros dés

4 cuillerées à soupe de menthe ciselée

Le pilaf est un plat à base de riz originaire de la Méditerranée orientale (de Turquie plus précisément) qui connaît de multiples variantes. Cette recette à base de raisins secs, de pignons de pin et de safran rehausse bien le goût du saumon. Le secret de la réussite est de mettre juste la bonne quantité de bouillon pour le volume de riz. Dans le doute, limitez la quantité de liquide – vous pourrez toujours en ajouter un peu, alors que rattraper un pilaf « noyé » est une tâche impossible.

1 Préchauffez le four à 180° C (thermostat 4).

2 Faites fondre le beurre dans un plat allant au four et enfournez les pignons jusqu'à ce qu'ils soient bien dorés (surveillez-les : ils brûlent facilement), puis retirez-les à l'aide d'une écumoire. Remplacez-les par l'oignon et le gingembre et faites dorer pendant 15 minutes environ.

3 Ajoutez le riz et mélangez bien. Incorporez ensuite les raisins secs, le zeste d'orange, la cannelle, les clous de girofle et le safran. Laissez cuire pendant 2 minutes et assaisonnez. Couvrez le riz de bouillon chaud. Couvrez le plat d'un couvercle ou d'une feuille de papier d'aluminium et enfournez pendant 15 minutes.

4 Ôtez le couvercle et ajoutez les dés de saumon. Faites cuire encore pendant 5 minutes, puis sortez le pilaf du four et parsemez de pignons de pin et de menthe ciselée. Servez immédiatement.

62 Saumon à la pancetta, aux champignons et à l'orge

Repas de fête
Préparation : 30 minutes
Pour 4 personnes

4 pavés de saumon de 115 g environ

sel de mer fraîchement moulu et poivre noir du moulin

8 à 12 tranches de pancetta

3 cuillerées à soupe d'huile d'olive (un peu plus pour la cuisson au four)

175 g d'orge perlé, lavé et égoutté

1 petit oignon finement émincé

1 gousse d'ail finement hachée

45 cl de bouillon de légumes ou de poulet (ou d'eau)

1 cuillerée à soupe de sauce de soja claire

15 cl de vin rouge

225 g de chanterelles (ou autres champignons comme les cèpes, les champignons des champs ou les champignons à tête plate)

50 g de beurre doux

1 cuillerée à soupe d'estragon ciselé

1 cuillerée à soupe de persil ciselé

Cette recette aux notes automnales comporte un risotto à base d'orge perlé, ou barlotto. Pour rendre la préparation plus facile, il est conseillé de préparer ce dernier à l'avance et de le réchauffer ; en effet, contrairement au riz, l'orge cuit se garde bien. Essayez de trouver de l'authentique pancetta italienne pour envelopper le saumon, ou à défaut, du bacon coupé très fin. Si vous cuisinez ce plat en automne, recherchez des champignons sauvages comme les cèpes ou les chanterelles, plutôt que les champignons de couche qui n'ont pas la même saveur.

1 Préchauffez le four à 220° C (thermostat 7).

2 Salez et poivrez le saumon et enveloppez chaque pavé dans 2 à 3 tranches de pancetta. Couvrez et réservez.

3 Faites chauffer une grande poêle. Versez l'huile, ajoutez l'orge perlé et laissez cuire en remuant (5 minutes environ). Mettez l'oignon et l'ail et poursuivez la cuisson 5 à 10 minutes, jusqu'à ce que l'orge commence à brunir. Ajoutez le bouillon, la sauce de soja, le vin rouge et assaisonnez. Portez à ébullition et laissez frémir sur feu doux jusqu'à ce que le liquide soit presque réduit.

4 Préparez les champignons (coupez les plus gros) et faites chauffer une seconde poêle. Faites fondre le beurre et ajoutez les champignons. Laissez-les prendre couleur pendant 4 à 5 minutes. Salez et poivrez. Mélangez bien les champignons et l'orge. Retirez la poêle du feu et couvrez d'une feuille de papier d'aluminium percée de trous pour que l'orge gonfle et absorbe le liquide. Réservez dans un endroit chaud pendant 15 minutes. (À ce stade, vous pouvez laisser refroidir le *barlotto* et le réchauffer dans les 24 heures.)

5 Disposez les pavés de saumon enveloppés de pancetta sur une plaque, arrosez d'huile d'olive et enfournez-les pendant environ 10 minutes.

6 Remettez la poêle contenant le *barlotto* sur le feu, ajoutez l'estragon, le persil et le restant du beurre. Mélangez jusqu'à ce que la préparation soit bien chaude, rectifiez l'assaisonnement et répartissez dans quatre assiettes. Découpez chaque pavé de saumon en trois, dressez-le sur l'orge et servez.

63 Couscous aux légumes rôtis et au saumon

Repas de fête	
Préparation : 30 minutes	
Pour 4 personnes	

1 aubergine coupée dans le sens de la longueur, salée et égouttée

2 courgettes moyennes, coupées en quatre dans le sens de la longueur

1 poivron rouge épépiné et coupé en quatre

3 cuillerées à soupe d'huile d'olive (un peu plus pour la cuisson des légumes du poisson)

sel de mer fraîchement moulu et poivre vert du moulin

250 g de semoule

2 cuillerées à soupe de coriandre ciselée

1 jus de citron

4 pavés de saumon de 140 g environ

1 dose de sauce vierge (voir page 14)

Voici une recette « chic » et savoureuse, dont la plus grande partie se prépare à l'avance. Il en est ainsi du couscous, qui se réchauffe très bien au four, ou mieux, au micro-ondes. Accompagnez ce plat d'une sauce vierge, dont la base peut être cuisinée en quelques minutes, vous permettant de vous consacrer à la cuisson du saumon. Vous pouvez faire griller ce dernier ou le cuire au four. Dans ce dernier cas, badigeonnez-le de sauce avant de l'enfourner, mais il n'aura jamais une aussi belle apparence que le saumon poêlé.

1 Préchauffez une poêle-gril. Badigeonnez d'huile tous les légumes et faites-les griller par petites quantités, pendant environ 5 minutes de chaque côté, jusqu'à ce qu'ils soient tendres et marqués de nervures brunes. Sortez-les de la poêle, salez et poivrez ; réservez.

2 Pour préparer le couscous, versez 30 cl d'eau bouillante sur la semoule et couvrez avec un film plastique. Au bout de 5 minutes, ôtez ce dernier et égrainez le couscous à l'aide d'une fourchette. Coupez ensuite les légumes en dés et mélangez-les à la semoule avec la coriandre, l'huile d'olive et le jus de citron. Salez et poivrez.

3 Faites à nouveau chauffer la poêle et ajoutez un peu d'huile d'olive. Pendant ce temps, assaisonnez le saumon. Posez les pavés dans la poêle et faites-les griller 2 à 3 minutes de chaque côté, jusqu'à ce qu'ils soient joliment marqués de stries brunes.

4 Répartissez le couscous dans les assiettes de service et dressez dessus les pavés de saumon. Arrosez de sauce vierge et servez.

64 Saumon pané à la moutarde

Repas sans façon
Préparation : 25 minutes
Pour 4 personnes

450 g de pommes de terre nouvelles

450 g de chou frisé

4 filets de saumon pris dans la queue

sel de mer fraîchement moulu et poivre noir du moulin

2 cuillerées à soupe de moutarde de Dijon

115 g de flocons d'avoine fins

beurre ou huile d'olive pour la friture

sauce blanche à la moutarde (voir page 24), réchauffée

Le poisson pané aux flocons d'avoine est une recette écossaise traditionnelle, surtout utilisée avec le hareng. Les filets de saumon le remplacent avec bonheur, d'autant qu'ils n'ont pas d'arêtes.
Les flocons d'avoine doivent former une couche croustillante autour de la chair tendre du poisson. La sauce à la moutarde en rehausse parfaitement le goût, tandis que le chou frisé (un légume largement sous-estimé) vient signer l'origine écossaise de ce plat.

1 Faites cuire les pommes de terre dans une eau frémissante salée pendant environ 20 minutes. Plongez le chou dans une grande casserole d'eau bouillante salée et laissez frémir pendant 10 minutes, jusqu'à ce qu'il soit tendre.

2 Pendant ce temps, salez et poivrez le saumon. Badigeonnez-le de moutarde des deux côtés. Passez-le dans les flocons d'avoine en pressant bien, pour faire adhérer ces derniers.

3 Faites fondre un peu de beurre dans une poêle anti-adhésive et faites frire doucement le poisson en le retournant à mi-cuisson, environ 7 à 8 minutes en tout.

4 Servez dans la poêle avec les pommes de terre bouillies, le chou frisé et la sauce à la moutarde.

65 Curry de saumon à la thaïlandaise

Plat épicé
Préparation : 35 minutes
Pour 4 personnes

4 cuillerées à soupe d'huile de tournesol

1 oignon finement émincé

1 poivron rouge épépiné et émincé

6 cuillerées à soupe de pâte de curry vert thaïlandaise, prête à l'emploi ou « maison » (voir en bas de page)

2 boîtes de lait de coco de 40 cl

40 cl de bouillon de légumes ou d'eau

3 feuilles de combava

175 g de petits bouquets de brocoli

85 g de mange-tout

2 courgettes émincées

2 cuillerées à soupe de basilic ciselé (un peu plus pour décorer)

sel de mer fraîchement moulu et poivre noir du moulin

450 g de filet de saumon débité en médaillons (voir pages 10-11)

riz basmati pour 4 personnes (voir page 97)

Voici un curry aux arômes délicats qui accompagne à merveille le saumon. Les feuilles de combava et les aromates en relèvent superbement le goût. Servez-le avec du riz basmati pour absorber la sauce.

1 Faites chauffer 3 cuillerées à soupe d'huile dans une grande sauteuse ; quand l'huile commence à fumer, ajoutez l'oignon et le poivron rouge. Laissez cuire à feu vif jusqu'à ce que l'oignon commence à brunir.

2 Incorporez la pâte de curry, laissez cuire pendant une minute, puis ajoutez le lait de coco, le bouillon et les feuilles de combava. Portez à ébullition, puis baissez le feu et laissez frémir doucement 10 minutes.

3 Ajoutez les brocolis et laissez frémir 5 minutes, puis ajoutez les courgettes et poursuivez la cuisson 5 minutes supplémentaires, jusqu'à ce que les légumes soient tendres et que la sauce commence à s'épaissir. Incorporez le basilic et la coriandre et assaisonnez.

4 Pendant ce temps, faites chauffer le reste d'huile dans une poêle anti-adhésive et ajoutez les médaillons de saumon. Faites-les cuire sur une face seulement pendant 1 à 2 minutes, en résistant à la tentation de les remuer afin d'obtenir une belle croûte caramélisée. Lorsque le dessus commence à changer de couleur, ôtez les médaillons de la poêle et posez-les sur une grille.

5 Répartissez le curry dans quatre bols chauds et dressez deux ou trois médaillons dessus. Servez avec du riz basmati.

Pâte de curry vert à la thaïlandaise

Rien ne vaut une pâte de curry « maison ». Les ingrédients semblent nombreux, mais un mixeur facilite beaucoup le travail. Épépinez et hachez 6 longs poivrons verts. Ciselez grossièrement 2 tiges de citronnelle et 50 g de coriandre. Pelez et hachez 2,5 cm de galanga ou de gingembre frais et 2 échalotes. Pelez 3 gousses d'ail. Mettez tous ces ingrédients dans le mixeur avec 3 feuilles de combava, 1 cuillerée à soupe de cumin en poudre, le zeste et le jus d'un citron vert et 15 cl de bouillon de légumes ou de poulet, ou encore de fumet de poisson. Mixez pour obtenir une pâte lisse. Celle-ci se garde bien au congélateur.

66 Tempuras de saumon au riz citronné et à l'huile pimentée

Repas de fête
Préparation : 25 minutes
Pour 4 personnes

POUR LE RIZ CITRONNÉ :

225 g de riz longs grains

85 g de petits pois surgelés

le jus et le zeste d'un citron (réservez un peu de jus pour assaisonner le saumon)

1 cuillerée à soupe de ciboulette finement ciselée

POUR LE SAUMON :

225 g de filet de saumon débité en médaillons (voir pages 10-11)

sel de mer fraîchement moulu et poivre noir du moulin

huile de tournesol pour la friture

un peu de farine

huile pimentée « maison » (voir page 123) ou huile pimentée prête à l'emploi pour servir

brins de coriandre fraîche pour décorer (facultatif)

POUR LA PÂTE DES TEMPURAS :

50 g de farine de blé

50 g de farine de maïs

eau minérale gazeuse glacée

La pâte des tempuras doit être légère et croustillante, sans trace de graisse. Pour la réussir, préparez-la au dernier moment ; faites un puits dans le mélange de farines et ajoutez l'eau glacée, puis travaillez la pâte à la fourchette, sans trop insister : s'il subsiste quelques grumeaux ou traces de farine, elle n'en sera que meilleure. Faites frire les tempuras par petites quantités et servez-les le plus rapidement possible. Ce n'est pas la manière orthodoxe de préparer les tempuras, mais ils sont délicieux.

1 Lavez bien le riz puis versez-le dans une grande quantité d'eau bouillante salée. Mélangez et laissez cuire 15 minutes, jusqu'à ce qu'il soit juste tendre, puis égouttez-le. Remettez-le dans la casserole chaude, ajoutez les petits pois, le jus et le zeste de citron et la ciboulette. Gardez au chaud. Si vous avez préparé le riz à l'avance, réchauffez-le au four ou au micro-ondes et n'ajoutez la ciboulette qu'au dernier moment.

2 Assaisonnez le saumon avec du sel, du poivre et un peu de jus de citron.

3 Mettez les farines des tempuras dans un saladier et ajoutez assez d'eau minérale pour obtenir une pâte de la consistance d'une crème. Ne travaillez pas trop cette pâte. Traditionnellement, elle se mélange rapidement à l'aide de baguettes.

4 Versez de l'huile dans une cocotte ou dans une friteuse électrique jusqu'au tiers de sa hauteur et chauffez-la jusqu'à 190° C (utilisez un thermomètre si nécessaire). Passez les médaillons de saumon dans la farine, puis trempez-les dans la pâte et faites-les cuire par petites quantités pendant 2 minutes, jusqu'à ce qu'ils soient dorés et croustillants. Égouttez les beignets sur du papier absorbant et gardez-les au chaud pendant que vous cuisinez le reste.

5 Répartissez le riz dans quatre assiettes chaudes. Dressez les tempuras dessus et arrosez les bords des assiettes d'huile pimentée. Ajoutez un brin de coriandre pour décorer.

67 Saumon à l'aigre-douce

Plat épicé
Préparation : 20 minutes
Pour 4 personnes

3 cuillerées à soupe de vinaigre de vin blanc

2 cuillerées à soupe de sauce de soja claire

4 cuillerées à soupe de bouillon de légumes ou de fumet de poisson

2 cuillerées à soupe de jus d'orange

1 jus de citron

2 cuillerées à soupe de xérès sec

1 cuillerée à café de maïzena

2 cuillerées à soupe de purée de tomates

2 cuillerées à soupe de sucre brun

1 cuillerée à soupe d'huile végétale

2 gousses d'ail finement hachées

1 cm de racine de gingembre pelée et hachée

2 piments rouges épépinés et émincés

1 carotte moyenne, émincée

450 g de filet de saumon, débité en dés

4 oignons verts, émincés

nouilles aux œufs et pois cassés frits pour servir (facultatif)

POUR LE RIZ BASMATI (FACULTATIF) :

280 g de riz basmati

1/2 cuillerée à café de sel fraîchement moulu et de poivre noir du moulin

Comme dans beaucoup de plats d'origine asiatique, le succès de cette recette repose sur l'équilibre des saveurs épicées, aigres, sucrées et salées. Si vous n'avez pas le temps de préparer la sauce, il existe des sauces prêtes à l'emploi disponibles dans tous les supermarchés.

1 Pour préparer la sauce, mélangez les six premiers ingrédients avec la maïzena, la purée de tomates et le sucre.

2 Faites chauffer l'huile dans une casserole de taille moyenne et ajoutez l'ail, le gingembre et les piments. Laissez dorer pendant 1 minute, puis remuez la sauce et versez-la dans la casserole. Portez à ébullition en remuant de temps en temps et laissez frémir 2 minutes.

3 Ajoutez la carotte, les dés de saumon et les oignons verts. Laissez frémir à feu très doux pendant 2 minutes, jusqu'à ce que le saumon soit cuit. Répartissez dans des bols de riz basmati (voir ci-dessous) ou de nouilles aux œufs et de pois cassés.

Riz basmati

Pour obtenir un riz basmati à la fois léger et moelleux, commencez toujours par laver les grains sous l'eau froide, jusqu'à ce que cette dernière coule clair, ce qui indique que la plus grande partie de l'amidon est éliminée. Portez ensuite à ébullition une grande casserole d'eau (environ dix fois le volume du riz) et ajoutez celui-ci. Réduisez légèrement le feu et remuez une fois. Laissez bouillir pendant exactement 8 minutes. Goûtez le riz – il doit encore être légèrement croquant –, puis égouttez-le. Remettez-le dans la casserole (hors du feu) et couvrez-le hermétiquement. Laissez-le cuire dans sa propre vapeur pendant 10 minutes. Ne soulevez pas le couvercle pendant cette opération, vous laisseriez la chaleur s'échapper. Séparez les grains à la fourchette et servez.

68 Pavé de saumon à la polenta, aux piments et au parmesan

Rapide et facile
Préparation : 15 minutes
Pour 4 personnes

4 pavés de saumon de 170 g, sans la peau

2 piments rouges finement émincés (laissez les graines si vous aimez les plats très épicés)

85 g de polenta « cuisson rapide »

50 g de beurre

50 g de parmesan râpé

3 cuillerées à soupe de persil ciselé

sel de mer fraîchement moulu et poivre noir du moulin

parmesan râpé et huile d'olive pour servir

La polenta est faite à partir de grains de maïs moulus. On la sert de deux manières : elle peut être « humide », un peu comme un porridge, ou bien on la laisse prendre avant de la découper pour la faire frire. Dans cette recette, c'est la première version qui est utilisée, avec une bonne cuillerée de polenta crémeuse agrémentée de beurre et de parmesan qui sert de lit à un beau pavé de saumon. Le piment apporte un plus, mais vous pouvez l'omettre si vous le souhaitez.

1 Faites chauffer une poêle anti-adhésive. Quand elle est bien chaude, ajoutez les pavés de saumon et laissez cuire pendant 2 à 3 minutes, puis retournez-les, baissez le feu et poursuivez la cuisson 2 à 3 minutes supplémentaires, jusqu'à ce que la chair soit cuite tout en restant moelleuse. Transférez sur une assiette et gardez au chaud pendant que vous préparez la polenta.

2 Mettez dans une casserole les piments et 45 cl d'eau et portez à ébullition, puis ajoutez la polenta en pluie, en remuant continuellement. Laissez frémir pendant 4 minutes, puis ajoutez le beurre, le parmesan, le persil et l'assaisonnement. Répartissez rapidement entre quatre assiettes chaudes et dressez un pavé de saumon sur chacune d'entre elles. Servez avec du parmesan râpé et de l'huile d'olive.

NB Si vous laissez la polenta reposer trop longtemps, elle s'épaissira ; ajoutez un peu d'eau chaude pour la rendre plus onctueuse.

69 Saumon au four et crevettes au gingembre

Rapide et facile
Préparation : 15 minutes
Pour 4 personnes

4 pavés ou darnes de saumon de 175 g (voir pages 10-11)

40 g de beurre

1 jus de citron

sel de mer fraîchement moulu et poivre noir du moulin

3 cm de gingembre, pelé et coupé en julienne

30 cl de crème fraîche épaisse

225 g de crevettes cuites, décortiquées

3 cuillerées à soupe de coriandre et de ciboulette ciselées

riz basmati (voir page 97)

légumes sautés (voir page 123)

Ce plat savoureux n'exige qu'un minimum d'efforts. Le goût frais du gingembre atténue sa richesse et l'empêche de sembler trop lourd. Ne faites pas trop cuire les crevettes : elles doivent simplement être réchauffées dans la sauce au gingembre, qui peut être préparée à l'avance pour gagner du temps.

1 Préchauffez le four à 190° C (thermostat 5). Mettez le saumon sur une plaque de cuisson, parsemez-le de noisettes de beurre (25 g en tout), arrosez-le de jus de citron et assaisonnez. Enfournez-le pendant 7 à 8 minutes selon son épaisseur.

2 Pendant que le saumon cuit, faites fondre le gingembre dans le reste de beurre pendant 5 minutes. Versez la crème dans la casserole et assaisonnez bien. Portez à ébullition et laissez frémir pendant 2 minutes jusqu'à ce que la sauce épaississe légèrement. Ajoutez les crevettes, un bon trait de jus de citron et les aromates.

3 Répartissez le saumon dans quatre assiettes chaudes. Versez ses sucs de cuisson dans la sauce au gingembre et mélangez. Rectifiez l'assaisonnement puis versez la sauce sur le saumon en répartissant également les crevettes. Servez avec du riz basmati et des légumes sautés.

70 Saumon poêlé et lentilles au curry

Repas de fête	
Préparation : 25 minutes	
Pour 4 personnes	

225 g de lentilles vertes du Puy ou lentilles continentales

2 cuillerées à soupe d'huile de tournesol (un peu plus pour cuire le saumon)

1 petite carotte finement émincée

1 branche de céleri finement émincée

1 petit poireau finement émincé

1 gousse d'ail finement hachée

2 cm de racine de gingembre pelée et finement émincée

1 cuillerée à soupe de pâte de curry douce

sel de mer fraîchement moulu et poivre noir du moulin

30 cl de bouillon de poulet

3 tomates, débitées en dés

3 cuillerées à soupe de coriandre ciselée

4 pavés de saumon de 140 g

un trait de jus de citron

4 cuillerées à soupe de crème fraîche

Le goût rustique des lentilles et les arômes subtils du curry se marient remarquablement. Ajoutez un pavé de saumon poêlé et vous obtenez un superbe repas de fête à la fois savoureux, nutritif et facile à préparer à l'avance. Les lentilles du Puy sont délicieuses lorsqu'elles sont de bonne qualité, mais les lentilles continentales, brunes ou vertes, font aussi bien l'affaire. Évitez la lentille blonde pour ce plat : elle n'est vraiment bonne qu'en purée ou en soupe.

1 Faites cuire les lentilles dans une grande quantité d'eau bouillante pendant 15 à 20 minutes. Lorsqu'elles sont tendres, égouttez-les et étalez-les sur une plaque pour les laisser sécher.

2 Chauffez l'huile dans une casserole et faites-y fondre la carotte, le céleri, l'oignon, l'ail et le gingembre pendant 10 minutes environ, jusqu'à ce qu'ils soient tendres. Ajoutez la pâte de curry, assaisonnez et laissez cuire 2 à 3 minutes. Incorporez les lentilles, puis ajoutez le bouillon et portez à ébullition. Ajoutez les tomates et 2 cuillerées à soupe de coriandre ciselée. Rectifiez l'assaisonnement. Laissez frémir pendant 30 secondes. Retirez du feu et réservez au chaud.

3 Mettez quelques gouttes d'huile de tournesol dans une poêle chaude, ajoutez les pavés de saumon et faites-les frire pendant 2 à 3 minutes sur chaque face. Salez, poivrez, et aspergez de jus de citron.

4 Incorporez la crème fraîche aux lentilles et répartissez ces dernières dans quatre bols chauds. Dressez dessus les pavés de saumon et décorez de coriandre.

71 Croquettes de saumon au beurre citronné

À préparer à l'avance
Préparation : 30 minutes, plus temps de refroidissement
Pour 6 personnes

50 g de beurre doux

450 de filet de saumon, sans la peau

1 jus de citron

sel de mer fraîchement moulu et poivre noir du moulin

1 cuillerée à soupe de sauce pimentée « maison » (voir page 123) ou de sauce prête à l'emploi

225 g de pommes de terre écrasées en purée

3 oignons verts finement émincés

3 cuillerées à soupe d'aromates ciselés (persil et coriandre de préférence)

nam pla
(sauce de poisson thaïlandaise)

115 g de farine

4 œufs

115 g de chapelure fraîche

huile de tournesol pour la friture

sauce au beurre citronnée (voir page 20)

Tout le monde devrait être capable de préparer des croquettes de poisson. Ce délicieux mélange de poisson et de purée de pommes de terre constitue l'un des plats les plus adaptables. Elles peuvent faire office d'entrée, composer un déjeuner rapide ou servir de plat principal lors d'un dîner entre amis. Le saumon se prête particulièrement bien à cette recette, surtout lorsqu'elle est complétée d'une crème au beurre citronnée, à la fois acide et veloutée.

1 Préchauffez le four à 230° C (thermostat 8).

2 Avec la moitié du beurre graissez un plat à rôtir assez grand pour contenir le saumon. Répartissez le restant du beurre en noisettes sur ce dernier. Versez dessus le jus de citron et ajoutez du sel, du poivre et la sauce pimentée.

3 Enfournez le poisson pendant environ 5 minutes. (Il ne doit pas être très cuit à l'intérieur.) Sortez-le du four, laissez-le refroidir pendant 5 minutes, puis émiettez-le finement.

4 Mettez la purée de pommes de terre (chaude ou froide) dans un grand saladier et ajoutez le saumon, les oignons verts et les aromates. Mélangez à l'aide d'une cuiller en bois jusqu'à ce que le poisson soit bien incorporé. Goûtez et assaisonnez avec un trait de nam pla, du sel et du poivre.

5 Couvrez une plaque (métallique ou en plastique) de papier sulfurisé, puis partagez le mélange en 6 croquettes de tailles égales. Posez celles-ci sur la plaque, couvrez d'une autre feuille de papier sulfurisé, puis enveloppez d'un film plastique. Réservez au congélateur pendant toute une nuit.

6 Préparez trois assiettes creuses : répandez la farine dans la première ; battez les œufs avec une pincée de sel dans la deuxième ; enfin, remplissez à demi la troisième de chapelure. Sortez les croquettes du congélateur. Passez chaque croquette dans la farine, puis dans l'œuf battu et enfin dans la chapelure, en les enrobant de manière uniforme. Remettez-les au congélateur si vous ne vous en servez pas immédiatement.

7 Préchauffez le four à 120° C (thermostat 1/2). Faites chauffer une petite poêle à frire, puis remplissez-la d'huile au tiers de sa hauteur et laissez chauffer encore 1 à 2 minutes. Placez les croquettes dans la poêle et faites-les cuire 3 à 4 minutes jusqu'à ce qu'elles prennent une belle couleur dorée. À l'aide d'une pince ou d'une spatule, transférez-les sur une plaque de cuisson couverte d'une double couche de papier absorbant. Enfournez la plaque pendant 45 minutes pour compléter le processus de décongélation des croquettes. Elles resteront chaudes dans un four à basse température pendant plus d'une heure sans s'abîmer. Servez avec une sauce au beurre citronnée.

72 Tourtes Parmentier au saumon

Repas sans façon
Préparation : 45 minutes
Pour 4 personnes

225 g de pommes de terre nouvelles, bien brossées

25 g de beurre

5 cuillerées à soupe d'huile d'olive

1 poireau moyen, finement émincé

sel de mer fraîchement moulu et poivre noir du moulin

225 g de saumon cuit (voir pages 12-13)

3 cuillerées à soupe de persil ciselé

un trait de jus de citron

450 g de pâte feuilletée fraîche ou décongelée

1 œuf battu avec une pincée de sel

salade verte pour servir

Voici une excellente manière d'accommoder les restes de saumon pour un savoureux coupe-faim. Délicieuses froides, ces tourtes sont parfaites pour les pique-niques.

1 Préchauffez le four à 200° C (thermostat 6).

2 Faites cuire les pommes de terre dans un grand volume d'eau bouillante salée, jusqu'à ce qu'elles soient tendres.

3 Pendant ce temps, faites chauffer le beurre dans une poêle avec une cuillerée à soupe d'huile, ajoutez le poireau, mélangez bien pour le recouvrir de matière grasse et laissez-le fondre pendant 7 minutes. Ajoutez sel et poivre. Émiettez le saumon.

4 Égouttez les pommes de terre et placez-les dans un saladier. Ajoutez l'huile restante et écrasez doucement chaque pomme de terre avec le dos d'une fourchette. Ne cherchez pas à obtenir une purée lisse. Mélangez très soigneusement jusqu'à ce que toute l'huile soit absorbée.

5 Incorporez le poireau, le saumon et le persil. Goûtez, puis ajoutez du sel du poivre et un trait de jus de citron.

6 Divisez la pâte en deux, puis étalez-la à une épaisseur de 5 mm et coupez deux cercles de 20 cm dans chaque moitié. Déposez un quart de la farce au saumon au milieu de chaque cercle de pâte. À l'aide d'un pinceau mouillé, humidifiez les bords et repliez la pâte pour enfermer la farce. Pincez les bords entre vos doigts. Enduisez d'œuf battu et pratiquez deux trous sur le dessus.

7 Enfournez les tourtes sur une plaque de cuisson pendant 20 minutes, jusqu'à ce qu'elles soient gonflées et dorées. Servez chaud ou froid avec une salade verte.

73 Hachis de saumon fumé à chaud au chorizo et aux œufs pochés

Repas sans façon
Préparation : 30 minutes
Pour 4 personnes

600 g de pommes de terre farineuses

sel de mer fraîchement moulu et poivre noir du moulin

4 cuillerées à soupe d'huile d'olive

25 g de beurre

1 oignon moyen, émincé

175 g de chorizo, en rondelles

225 g de saumon fumé à chaud, émietté

1 botte de cresson grossièrement ciselé

3 cuillerées à soupe de parmesan râpé

4 œufs pochés (voir page 50)

Utilisez des pommes de terre farineuses car elles se désintègrent et deviennent croustillantes au fond de la casserole. Le chorizo offre ici une note insolite, mais il relève bien ce plat et apporte de la couleur ; il se marie très bien avec le saumon fumé à chaud.

1 Faites bouillir les pommes de terre entières dans leur peau dans beaucoup d'eau bouillante salée jusqu'à ce qu'elles soient tendres. Cela peut prendre 20 à 30 minutes en fonction de la grosseur des pommes de terre. Ne vous inquiétez pas si elles commencent à se défaire. Égouttez-les et laissez-les un peu refroidir avant de les peler.

2 Pendant ce temps, faites chauffer une grande poêle ou une sauteuse et versez-y l'huile, puis ajoutez le beurre. Ajoutez ensuite l'oignon et laissez-le dorer pendant 5 minutes, puis incorporez le chorizo et cuisez-le pendant 2 à 3 minutes jusqu'à ce qu'il commence à rendre sa graisse.

3 Ajoutez ensuite les pommes de terre et écrasez-les dans la poêle à l'aide d'une fourchette en les mélangeant avec l'oignon et le chorizo. Cuisinez sur feu vif en remuant de temps en temps jusqu'à ce que les pommes de terre commencent à brunir au fond de la sauteuse.

4 Lorsque les pommes de terre sont en partie dorées et croustillantes, ajoutez le saumon et le cresson, assaisonnez et pressez légèrement le mélange pour obtenir un « gâteau ». Au bout de 5 minutes, le hachis est cuit car le saumon fumé à chaud a juste besoin d'être réchauffé. Servez votre hachis coupé en quartiers ou à la cuiller, parsemé de parmesan et coiffé d'un œuf poché.

74 Crêpes de pommes de terre au saumon fumé et à la crème fraîche

Repas sans façon
Préparation : 30 minutes
Pour 4 personnes

225 g de saumon fumé à chaud

115 g de cresson

POUR LES CRÊPES :

350 g de pommes de terre farineuses

2 cuillerées à soupe de farine

3 cuillerées à soupe de lait

2 cuillerées à soupe de crème fraîche épaisse

2 œufs moyens

2 cuillerées à soupe d'huile de tournesol

POUR LA CRÈME :

4 oignons verts finement émincés

115 g de crème fraîche

1 cuillerée à café de jus de citron

quelques gouttes de Tabasco

sel de mer fraîchement moulu et poivre noir du moulin

Ces petites crêpes épaisses sont en passe de devenir un classique tant leurs arômes et leurs textures se marient bien. Elles peuvent également être servies en entrée car la plus grande partie de leur préparation peut être accomplie à l'avance. Cuisez-les dans une poêle à blinis si vous en avez une ; sinon, déposez de grosses cuillerées de pâte dans une grande poêle et cuisez-les par petites quantités à la fois. Ne vous inquiétez pas si elles ne sont pas parfaitement rondes, elles n'en seront pas moins délicieuses. Vous pouvez également faire une seule grande crêpe que vous découperez pour servir.

1 Préchauffez le four à 200° C (thermostat 6).

2 Pelez les pommes de terre et faites-les cuire dans de l'eau bouillante salée jusqu'à ce qu'elles soient tendres, puis égouttez-les bien et réduisez-les en purée. Incorporez la farine, le lait et la crème et mélangez bien à l'aide d'une cuiller en bois. Ajoutez les œufs, assaisonnez et pressez ce mélange à travers une passoire pour éliminer tout grumeau.

3 Faites chauffer l'huile dans une poêle de 20 cm de diamètre allant au four, puis versez la pâte dedans. La crêpe doit être épaisse de 1 cm environ. Aussitôt qu'elle commence à se boursoufler et à brunir sur les bords, glissez la poêle en haut du four chaud et laissez cuire pendant 10 minutes. Vous pouvez aussi faire 4 crêpes plus petites l'une après l'autre et les griller pour finir.

4 Mélangez ensemble les oignons verts émincés, la crème fraîche, le jus de citron, le Tabasco et l'assaisonnement.

5 Retirez la grande crêpe ou les quatre petites du four à l'aide de gants de protection. Les crêpes doivent avoir une surface légèrement gonflée et brunie ; elles se gardent bien dans un endroit chaud pendant 20 à 30 minutes.

6 Découpez la crêpe si nécessaire et disposez les morceaux dans quatre assiettes chaudes. Déposez dessus un petit tas de saumon fumé à chaud, surmontez d'une bonne cuillerée de crème à l'oignon et surmontez de cresson.

75 Rösti au saumon poché et à la sauce verte

Repas de fête
Préparation : 25 minutes
Pour 4 personnes

450 g de pommes de terre

sel de mer fraîchement moulu et poivre noir du moulin

3 cuillerées à soupe d'huile d'olive (un peu plus si nécessaire)

4 pavés de saumon de 170 g, sans la peau

sauce verte (voir page 17)

aromates ciselées pour servir

Un rösti est une sorte de crêpe épaisse faite à partir de pommes de terre râpées. Dorée et croustillante à l'extérieur, elle est moelleuse à l'intérieur. Le meilleur moyen de réussir cette recette est de cuisiner une unique grande crêpe de la taille de la poêle et de la couper pour la servir. Choisissez une variété de pommes de terre farineuse à faible teneur en eau. Il est important d'exprimer autant d'eau que possible des pommes de terre râpées pour éviter que le rösti soit pâteux. Et ne chauffez pas trop votre poêle, vous vous retrouveriez avec une crêpe brûlée dessous et encore crue dessus.

1 Pelez les pommes de terre et râpez-les grossièrement au-dessus d'un torchon propre. Roulez le torchon sur lui-même et tordez ses extrémités pour sortir toute l'humidité. Procédez par petites quantités. Mettez ensuite les pommes de terre râpées dans un saladier, puis ajoutez une cuillerée à café de sel et un peu de poivre.

2 Faites chauffer l'huile dans une poêle de 25 cm de diamètre. Ajoutez les pommes de terre râpées et pressez-les en une couche régulière au fond de la poêle à l'aide d'une spatule. Si les pommes de terre absorbent toute l'huile, ajoutez-en un peu. Laissez frire sur feu doux pendant 10 à 15 minutes, jusqu'à ce que les bords commencent à brunir. Retournez alors la crêpe en vous aidant d'une spatule et laissez cuire encore 10 à 15 minutes, jusqu'à ce que la surface soit dorée. Vous pouvez maintenir le rösti au chaud ou le laisser refroidir et le réchauffer plus tard dans un four à 180° C, pendant 5 minutes.

3 Remplissez une grande casserole basse d'eau froide et ajoutez un peu de sel. Mettez-y les pavés de saumon et portez graduellement l'eau à son point d'ébullition. Ôtez alors la casserole du feu et laissez pocher le saumon 10 à 15 minutes (selon l'épaisseur des pavés).

4 Sortez les pavés de saumon de l'eau et égouttez-les sur du papier absorbant. Dressez chaque pavé sur une tranche de rösti, ajoutez une cuillerée à soupe de sauce verte et décorez avec les aromates.

76 Croquettes de saumon fumé à chaud et salsa à la tomate

À préparer à l'avance
Préparation : 20 minutes
Pour 8 personnes en entrée, 4 pour un plat principal

300 g de pommes de terre réduites en purée

600 g de saumon fumé à chaud ou rôti au four, émietté

2 oignons verts, finement émincés

1 jus de citron

sel de mer fraîchement moulu et poivre vert du moulin

farine

beurre

huile d'olive

POUR LA SALSA :

6 tomates en grappes bien mûres, coupées en huit

1/2 oignon rouge finement émincé

1 gousse d'ail finement hachée

2 piments rouges finement émincés

4 cuillerées à soupe d'huile d'olive

1 jus de citron vert

4 cuillerées à soupe de coriandre grossièrement ciselée

Cette recette diffère de celle des croquettes classiques figurant en page 102, non seulement parce qu'elle utilise du saumon fumé à chaud plutôt que du saumon poché, mais aussi parce que les croquettes ne sont pas passées dans la chapelure. Dans cette recette, elles sont simplement poudrées de farine avant d'être frites au beurre. Cela forme une croûte plus épaisse et plus sombre et demande un mélange de pommes de terres et de poisson un peu plus sec. Ces croquettes manquent de ce fait un peu de moelleux, et il convient de les servir avec une sauce, comme cette salsa à la tomate.

1 Mixez ensemble tous les ingrédients de la salsa, couvrez et réservez pendant que vous préparez les croquettes.

2 Mettez les pommes de terre en purée (chaude ou froide) dans un grand saladier, puis ajoutez le saumon émietté et les oignons verts. Versez le jus de citron et mélangez soigneusement à l'aide d'une cuiller en bois jusqu'à ce que tous les éléments soient bien incorporés. Goûtez et rectifiez l'assaisonnement si nécessaire.

3 Façonnez dix croquettes avec cette purée. Roulez chacune d'entre elles dans la farine assaisonnée.

4 Faites fondre le beurre dans une poêle. Quand il est chaud, ajoutez les croquettes et laissez-les frire pendant 3 à 4 minutes jusqu'à ce qu'elles soient bien dorées. Retournez-les et faites de même sur l'autre face. Gardez-les au chaud.

5 Versez une bonne cuillerée de salsa au centre de chaque assiette, dressez dessus une croquette et aspergez le pourtour de quelques gouttes d'huile d'olive.

77 Saumon frit aux endives braisées et à la purée de pommes de terre

Repas de fête
Préparation : 45 minutes
Pour 4 personnes

2 grosses endives

50 g de beurre

1/2 cuillerée à café de sucre en poudre

15 cl de bouillon de légumes

450 g de pommes de terre farineuses, pelées et coupées en morceaux

3 cuillerées à soupe de lait

10 cl d'huile d'olive (un peu plus pour servir)

sel de mer fraîchement moulu et poivre noir du moulin

4 pavés de saumon de 150 g

un trait de jus de citron

Consommées crues, les endives ont un goût amer, mais lorsqu'elles sont braisées, leur saveur s'adoucit et elles sont excellentes avec le saumon.

1 Préchauffez le four à 190° C.

2 Coupez les endives en deux dans le sens de la longueur. Faites fondre le beurre et le sucre dans une poêle allant au four et ajoutez les endives, faces coupées vers le bas. Laissez cuire à feu doux pendant 15 minutes, jusqu'à ce que les légumes soient bien dorés et caramélisés. Ajoutez le bouillon, portez à ébullition et enfournez avec précaution. Laissez mijoter 20 à 30 minutes jusqu'à ce que les endives soient tendres. Réservez au chaud.

3 Pendant ce temps, faites cuire des pommes de terre dans une eau frémissante salée jusqu'à ce qu'elles soient tendres, puis égouttez-les et réduisez-les en purée. Ajoutez le lait et 8 cl d'huile d'olive. Mélangez bien, goûtez et assaisonnez. Couvrez de papier sulfurisé pour empêcher la purée de se dessécher.

4 Faites chauffer une poêle. Quand elle est très chaude, ajoutez le reste d'huile. Faites frire le saumon pendant 2 à 3 minutes, puis retournez-le et faites de même sur l'autre face. Sa chair doit être rosée et tendre à l'intérieur. Salez, poivrez, et arrosez d'un trait de citron.

5 Disposez la purée, les endives et le saumon sur des assiettes chaudes et ajoutez un peu d'huile d'olive sur le pourtour avant de servir.

78 Saumon poêlé aux pommes de terre et beurre de caviar

Repas de fête
Préparation : 35 minutes
Pour 4 personnes

450 g de pommes de terre nouvelles, brossées

8 cl d'huile d'olive

sel de mer fraîchement moulu et poivre noir du moulin

3 cuillerées à soupe de basilic ciselé

1 cuillerée à soupe d'huile de tournesol

4 pavés de saumon de 120 g environ

20 cl de sauce au beurre blanc (voir page 20)

1 cuillerée à soupe de caviar

Il est important d'utiliser des pommes de terre nouvelles de bonne qualité ; écrasez-les doucement avec le dos d'une fourchette, juste pour qu'elles cèdent sous la pression mais sans les réduire en purée, pour leur permettre de s'imprégner de l'huile d'olive. Vous pouvez utiliser des œufs de lumps plutôt que du caviar, ils sont meilleur marché. Évitez de trop chauffer la sauce, car le caviar cuirait et perdrait sa belle texture.

1 Faites cuire les pommes de terre dans de l'eau frémissante salée jusqu'à ce qu'elles soient tendres, puis égouttez-les et mettez-les dans un grand saladier. Ajoutez l'huile d'olive, puis écrasez légèrement chacune d'entre elles avec le dos d'une fourchette jusqu'à ce qu'elle cède sous la pression. Ce n'est pas une purée, résistez à la tentation d'appuyer trop fort. Assaisonnez, puis mélangez avec précaution jusqu'à ce que toute l'huile soit absorbée. Couvrez d'une feuille de papier sulfurisé pour éviter que les pommes de terre se dessèchent. Elles se gardent au chaud pendant une heure dans un four à très basse température. Au moment de servir, vous ajoutez le basilic et rectifiez l'assaisonnement.

2 Faites chauffer une grande poêle. Quand elle est bien chaude, ajoutez l'huile de tournesol et faites frire le saumon pendant 2 à 3 minutes sur chaque face, jusqu'à ce qu'une croûte caramélisée se forme à l'extérieur. Assaisonnez.

3 Ajoutez le caviar dans la sauce au beurre. Ne soyez pas avare et n'utilisez pas une laitance teinte, car la couleur se dissoudrait dans la sauce et vous obtiendriez un liquide d'un gris boueux !

4 Disposez quelques pommes de terre au centre de chacune des assiettes de service, couronnez d'un pavé de saumon et versez la sauce au caviar sur le tout.

79 Fish and chips de saumon à la sauce verte

Repas sans façon
Préparation : 25 minutes
Pour 4 personnes

huile pour la friture

900 g de pommes de terre pelées

4 filets de saumon pris dans la queue, sans la peau

sel de mer fraîchement moulu et poivre noir du moulin

250 g de farine avec levure incorporée (un peu plus pour poudrer le poisson)

30 cl de bière

sauce verte (voir page 17)

Le saumon se prête très bien à la réalisation des fish and chips à l'anglaise, surtout lorsque la pâte est préparée avec de la bière, blonde de préférence. Achetez si possible des filets pris dans la queue du saumon, ils sont meilleur marché et conviennent parfaitement pour cet usage. Coupez une queue de 350 g en deux dans le sens de la longueur et vous avez 2 portions de saumon à faire frire. Accompagnez ce plat d'une simple salade verte, car il est assez lourd.

1 Faites chauffer l'huile à 180° C dans une friteuse électrique ou dans une grande casserole et préchauffez le four à très basse température.

2 Pendant que l'huile chauffe, coupez les pommes de terre. Pour obtenir des frites très régulières, commencez par couper une tranche de 1 cm d'épaisseur dans le sens de la longueur. En vous servant de ce côté comme base, débitez des tranches verticales de 1 cm, puis recoupez ces dernières en bâtonnets de 1 cm. Voici des frites rigoureusement carrées ! Gardez-les dans un saladier d'eau froide en attendant de les cuire.

3 Égouttez les frites et séchez-les dans un torchon. Selon la taille de votre friteuse, il vous faudra peut-être les cuire en deux fois. Plongez-les prudemment dans l'huile chaude et laissez-les frire 12 à 15 minutes. Sortez le panier de la friteuse et transférez les frites dans un saladier garni de plusieurs couches de papier absorbant. Mettez-les dans le four pour les garder au chaud pendant que vous préparez le saumon, mais ne fermez pas la porte elles ramolliraient.

4 Salez et poivrez les morceaux de saumon et passez-les dans la farine, en les secouant pour en éliminer l'excès. Incorporez petit à petit le reste de farine dans la bière avec une bonne pincée de sel, jusqu'à ce que vous obteniez une pâte épaisse.

5 Garnissez un plat à rôtir de papier absorbant froissé. Trempez les morceaux de saumon dans la pâte et faites-les frire dans l'huile pendant 5 minutes jusqu'à ce qu'ils soient bien dorés, puis posez-les sur le papier absorbant pour éliminer l'excès d'huile.

6 Sortez les frites du four aussitôt que le poisson est cuit, salez et servez avec une sauce verte.

80 Saumon au four et purée à l'irlandaise

Repas sans façon
Préparation : 30 minutes
Pour 4 personnes

140 g de beurre

4 pavés de saumon de 140 g

1 jus de citron

sel de mer fraîchement moulu et poivre noir du moulin

450 g de pommes de terre, pelées et coupées en morceaux

8 cl de crème fraîche épaisse

8 oignons verts émincés

sauce au beurre et à la ciboulette (voir page 20 – facultatif)

Voici un plat simple et savoureux, inspiré d'une recette irlandaise. Normalement, les oignons verts sont ajoutés seuls à la purée – ici ils sont mélangés à une bonne quantité de crème fraîche pour en adoucir le goût. La purée en est plus moelleuse, sans pour autant perdre ses arômes.

1 Préchauffez le four à 200° C (thermostat 6).

2 Graissez largement un plat à rôtir avec 25 g de beurre et placez-y les pavés de saumon. Arrosez de jus de citron, parsemez de noisettes de beurre (50 g) et assaisonnez de sel et de poivre. Réservez.

3 Mettez les pommes de terre dans une casserole d'eau froide et portez à ébullition. Dès que l'eau commence à bouillir, baissez le feu et laissez frémir 20 minutes. Enfournez le saumon pendant 7 minutes durant la cuisson des pommes de terre.

4 Égouttez les pommes de terre et réduisez-les en une fine purée, à la fois lisse et légère.

5 Dans une petite casserole, portez à ébullition la crème fraîche et les oignons verts, puis versez-les sur la purée. Ajoutez le reste de beurre et mélangez bien. Goûtez et rectifiez l'assaisonnement.

6 Mettez une généreuse cuillerée de purée dans chaque assiette et dressez dessus un pavé de saumon. Servez avec une sauce au beurre et à la ciboulette (ou autres aromates) ou contentez-vous de déposer une noisette de beurre sur le poisson.

81 Saumon fumé, pommes de terre au four au caviar et à la crème

Rapide et facile
Préparation : 1 heure
Pour 4 personnes

4 pommes de terre moyennes

sel de mer fraîchement moulu et poivre noir du moulin

20 cl de crème fraîche

300 g de saumon fumé en tranches

1 jus de citron

4 cuillerées à café de caviar

ciboulette ciselée pour décorer

Accompagnées de saumon fumé, de crème fraîche et de caviar, les humbles pommes de terre se trouvent ici en majesté. Choisissez des pommes de terre assez grosses, placez-les sur une plaque de cuisson et retournez-les après 30 minutes pour que leur peau soit uniformément cuite. Au lieu de vrai caviar, essayez les œufs de lumps, qui offrent une texture et une saveur excellentes pour un coût nettement moins élevé.

1 Préchauffez le four à 200° C (thermostat 6).

2 Lavez les pommes de terre et piquez-les avec une fourchette. Placez-les sur une plaque à mi-hauteur du four et laissez-les cuire pendant 1 heure environ.

3 Retirez les pommes de terre du four et coupez-les en deux dans le sens de la longueur. Avec précaution, prélevez la chair de chaque moitié à la cuiller, mettez-la dans un saladier et assaisonnez. Ajoutez la crème fraîche, puis remettez le mélange obtenu dans les peaux des pommes de terre.

4 Couvrez les demi pommes de terre de saumon fumé, arrosez de jus de citron et surmontez le tout d'une cuillerée à café de caviar. Décorez de ciboulette ciselée et servez immédiatement.

82 Escalopes de saumon aux pommes de terre et à la salade de tomates

Rapide et facile
Préparation : 25 minutes
Pour 4 personnes

400 g de pommes de terre (Anya ou Charlotte)

1 gousse d'ail pressée

4 cuillerées à soupe d'huile d'olive extra vierge

1 cuillerée à soupe de vinaigre balsamique

sel de mer fraîchement moulu et poivre noir du moulin

350 g de tomates cerises, coupées en deux

25 g de feuilles de basilic grossièrement ciselées

1 cuillerée à soupe d'huile de tournesol

4 escalopes de saumon de 120 g environ (voir page 10)

le jus de 1/2 citron

25 g de copeaux de parmesan

Cet étonnant mélange de chaud et de froid est réellement savoureux. Les pommes de terre absorbent le jus des tomates, l'huile et le vinaigre balsamique et constituent un lit délicieux pour les escalopes poêlées.

1 Faites cuire les pommes de terre dans une casserole d'eau bouillante salée pendant 20 minutes, jusqu'à ce qu'elles soient tendres.

2 Pendant ce temps, mélangez l'ail, l'huile d'olive et le vinaigre balsamique dans un saladier. Salez et poivrez, puis ajoutez les tomates et le basilic. Mélangez bien.

3 Quand les pommes de terre sont cuites, égouttez-les et coupez-les en deux. Ajoutez-les aux tomates et mélangez avec précaution pour bien les imprégner de la vinaigrette.

4 Faites chauffer l'huile de tournesol dans une poêle chaude, ajoutez les escalopes de saumon et faites frire pendant 2 minutes sur un côté seulement. Retournez sur une assiette, face frite sur le dessus et assaisonnez de sel, de poivre et de jus de citron.

5 Ajoutez les copeaux de parmesan au mélange de pommes de terre et de salade de tomates, puis répartissez ce dernier dans les assiettes de service. Dressez dessus les escalopes de saumon et servez.

83 Tourte de saumon aux crevettes et purée gratinée

À préparer à l'avance
Préparation : 45 minutes
Pour 6 personnes

70 cl de lait

1 oignon moyen, émincé

1 feuille de laurier

poivre noir en grains

900 g de filets de saumon, avec la peau

350 g de crevettes cuites et décortiquées

85 g de beurre

85 g de farine

sel de mer fraîchement moulu et poivre noir du moulin

4 cuillerées à soupe de persil ciselé

POUR LA PURÉE :

1,3 kg de pommes de terre farineuses, pelées

85 de beurre

25 cl de lait

3 cuillerées à soupe de moutarde de grains

120 g de cantal râpé

Impossible ne pas aimer cette tourte de poisson à base de saumon légèrement cuit et de crevettes, couronnée de purée gratinée juste assez cuite pour développer une belle croûte dorée ! Pour les grandes occasions, vous pouvez remplacer les crevettes par des langoustines ou même du homard. Servez avec une bonne quantité d'épinards blanchis – prévoyez au moins 225 g de feuilles par personne. Si vous avez des restes de tourte, réchauffez-les au micro-ondes ou utilisez-les pour faire des croquettes de poisson.

1 Mettez le lait, l'oignon, la feuille de laurier et quelques grains de poivre dans une casserole. Portez à ébullition, puis laissez frémir pendant 10 minutes. Réservez.

2 Disposez le saumon, peau vers le haut, dans un plat à rôtir ou dans une très grande poêle. Filtrez le lait, versez-le sur le poisson et portez à ébullition ; laissez frémir 5 à 7 minutes, jusqu'à ce que sa chair soit juste opaque. Transférez le poisson sur une assiette (réservez le lait). Quand il est assez froid pour être manipulé, ôtez la peau et émiettez-le grossièrement en ôtant les arêtes au fur et à mesure. Mettez-le ensuite dans un grand saladier et ajoutez les crevettes.

3 Faites fondre le beurre dans une petite casserole. Ajoutez la farine en mélangeant, puis versez progressivement le lait du plat de cuisson du saumon. Mélangez bien et laissez frémir doucement pendant 15 minutes, jusqu'à ce que la sauce soit légèrement réduite. Goûtez et assaisonnez de sel et poivre. Ajoutez le persil et versez cette sauce sur le saumon et les crevettes. Mélangez bien, puis transférez le tout dans une tourtière d'une contenance de 1,5 litre et laissez refroidir.

4 Préchauffez le four à 180° C (thermostat 4).

5 Faites bouillir les pommes de terre dans de l'eau salée jusqu'à ce qu'elles soient tendres, égouttez-les et réduisez-les en purée. Ajoutez le beurre, le lait, la moutarde et le cantal. Quand le mélange de poisson est froid, étalez la purée dessus à l'aide d'une cuiller, en lissant bien la surface. Enfournez pendant 30 à 40 minutes, jusqu'à ce que la croûte soit brune et croustillante. Servez immédiatement.

84 Saumon fumé au chou sur scones de pommes de terre

Repas sans façon
Préparation : 20 minutes
Pour 4 personnes

225 g de saumon fumé coupé en lanières

persil ciselé pour servir

POUR LES SCONES :

225 g de pommes de terre farineuses

50 g de beurre (un peu plus pour graissez la poêle)

sel de mer fraîchement moulu et poivre noir du moulin

50 g de farine

POUR LE CHOU :

1/2 chou vert très finement émincé

50 g de beurre

1 gousse d'ail pressée

15 cl de crème fraîche épaisse

Le goût du saumon fumé se marie à merveille avec celui du chou et la présence des scones de pommes de terre contribue à équilibrer ce plat complet que vous pouvez servir en « sandwichs » lors d'un dîner entre amis.

1 Pour préparer les scones, pelez les pommes de terre et faites-les bouillir pendant 20 minutes dans une casserole d'eau salée. Égouttez-les bien, remettez-les dans la casserole et laissez-les encore un peu sur le feu pour les assécher. Réduisez-les en purée dans un saladier.

2 Incorporez le beurre, le sel et le poivre et ajoutez progressivement la farine pour obtenir une pâte. Posez celle-ci sur le plan de travail fariné, divisez-la en deux parties et façonnez chacune d'entre elles en forme de boule. Abaissez la pâte pour obtenir deux cercles de 5 mm d'épaisseur, puis coupez chaque cercle en quatre. Piquez la pâte avec une fourchette.

3 Faites chauffer une poêle à fond épais, ajoutez du beurre et faites cuire quatre des scones 3 minutes de chaque côté, jusqu'à ce qu'ils soient bien dorés. Faites de même avec les quatre scones restants. Enveloppez-les dans un torchon propre et réservez au chaud.

4 Faites blanchir le chou dans une casserole d'eau bouillante salée, puis égouttez-le.

5 Faites chauffer le beurre dans une sauteuse, ajoutez l'ail, laissez cuire 1 minute, puis ajoutez la crème fraîche et portez à ébullition. Ajoutez le chou, assaisonnez bien et laissez frémir pendant 2 à 3 minutes, jusqu'à ce que le chou soit nappé de la crème tout en restant légèrement croquant. Beurrez les scones.

6 Disposez un scone beurré sur chaque assiette. Incorporez le saumon fumé au chou et garnissez chaque scone de ce mélange. Recouvrez des scones restants, parsemez de persil et servez.

85 Saumon poêlé à la niçoise

Repas sans façon
Préparation : 35 minutes
Pour 4 personnes

350 g de petites pommes de terre cireuses (comme l'Anya)

175 g de haricots verts fins, effilés

2 grosses tomates bien mûres, coupées en quatre

6 anchois en boîte, rincés et séchés

50 g d'olives noires (grecques de préférence)

3 œufs durs, écalés et coupés en quatre

450 g de médaillons de saumon (voir pages 10-11)

pain frais pour servir

POUR LA VINAIGRETTE :

6 cuillerées à soupe d'huile d'olive

2 cuillerées à soupe de vinaigre de vin blanc ou de jus de citron

1/2 cuillerée à café de moutarde de Dijon

2 cuillerées à soupe de câpres en saumure, rincées et égouttées

3 cuillerées à soupe d'aromates mélangés (persil, basilic, ciboulette, estragon)

sel de mer fraîchement moulu et poivre noir du moulin

Il est difficile d'améliorer une recette éprouvée, mais si nous n'allons pas jusqu'à dire que le saumon remplace avantageusement le thon, il n'en demeure pas moins qu'il se marie bien avec chacun des ingrédients de la Niçoise : pommes de terre, œufs et tomates, notamment.

1 Faites bouillir les pommes de terre dans l'eau salée pendant 15 minutes ou jusqu'à ce qu'elles soient tendres ; ajoutez les haricots verts environ 4 minutes avant la fin de la cuisson.

2 Mélangez tous les ingrédients de la vinaigrette et réservez.

3 Égouttez les pommes de terre et les haricots verts et coupez les pommes de terres en tranches épaisses. Mettez-les dans un saladier avec les haricots verts et arrosez-les d'un peu de la vinaigrette pendant qu'ils sont encore chauds. Ajoutez ensuite les tomates, les anchois et les olives. Répartissez la salade sur de grandes assiettes de service et disposez les quartiers d'œufs durs dessus.

4 Faites griller ou frire les médaillons de saumon dans une poêle chaude 1 minute de chaque côté. Dressez-les au milieu de la salade.

5 Réchauffez rapidement le reste de vinaigrette dans une petite casserole et quant elle bout, versez-la sur la salade. Servez avec du pain bien frais.

86 Salade de saumon et de betteraves sauce moutarde

Repas sans façon
Préparation : 25 minutes
Pour 4 personnes

450 g de petites betteraves, entières

4 cuillerées à soupe d'huile d'olive

8 gousses d'ail avec leur peau

2 cuillerées à soupe de vinaigre balsamique

sel de mer fraîchement moulu et poivre noir du moulin

2 cuillerées à soupe de moutarde de grains

300 g de médaillons de saumon (voir pages 10-11)

un trait de jus de citron

2 cuillerées à soupe de ciboulette ciselée

Le saumon a des affinités naturelles avec la betterave. Pour ce plat, la variété italienne « Barbabietola di Chioggi » est conseillée pour ses multiples avantages : elle possède une chair joliment veinée de pourpre et de blanc, elle ne vous salit pas les mains quand vous la préparez et elle a un goût fabuleux, à la fois frais et sucré. Si vous n'en trouvez pas, contentez-vous de betteraves ordinaires, mais portez des gants pour ne pas vous tacher.

1 Préchauffez le four à 200° C (thermostat 6).

2 Pelez les betteraves et coupez-les en quatre, ou en six si elles sont grosses. Versez 3 cuillerées à soupe d'huile d'olive dans un petit plat à rôtir, puis ajoutez les betteraves et les gousses d'ail entières. Remuez bien pour répartir l'huile, aspergez de vinaigre balsamique, puis salez et poivrez.

3 Enfournez pour 20 à 25 minutes, en arrosant de temps en temps. Quand les betteraves sont cuites, ajoutez la moutarde et mélangez bien.

4 Faites chauffer une grande poêle ; quand elle est très chaude, ajoutez le reste d'huile et faites frire rapidement les médaillons de saumon pendant 1 à 2 minutes, sur une face seulement. Sortez-les, disposez-les sur une plaque de cuisson et assaisonnez-les de jus de citron, de sel et de poivre.

5 Ajoutez la ciboulette aux betteraves et répartissez celles-ci sur quatre assiettes chaudes. Décorez de médaillons de saumon et arrosez du jus de cuisson des betteraves.

87 Saumon aux légumes verts et à l'huile pimentée

Rapide et facile
Préparation : 25 minutes
Pour 4 personnes

3 cuillerées à soupe d'huile de tournesol

1 gousse d'ail finement hachée

1 courgette, coupée en tranches fines dans le sens de la longueur

50 g de haricots verts

90 g de chou chinois

120 g de jeunes feuilles d'épinards

3 cuillerées à soupe de coriandre ciselée

1 jus de citron vert

1 à 2 cuillerées à soupe de sauce de soja

sel de mer fraîchement moulu et poivre noir du moulin

4 escalopes de saumon de 120 g environ (voir page 10)

un trait de jus de citron

3 cuillerées à soupe d'huile pimentée

Voici un plat facile et rapide à préparer, sain de surcroît. Vous pouvez varier les légumes, en optant pour les courgettes, les petits pois, le bok choy, les épinards, les légumes chinois, le chou frisé de Milan, le chou frisé, les feuilles de moutarde, etc. Faites toujours cuire d'abord les légumes les plus consistants (courgettes ou chou frisé) et ajoutez ensuite les plus délicats (épinards ou chou chinois). De cette manière, tous les légumes seront prêts au même instant. Vous pouvez préparer vous-même votre huile pimentée, mais on en trouve depuis peu d'excellente qualité dans les rayons des supermarchés.

1 Faites chauffer la moitié de l'huile dans une grande poêle ou dans un wok, ajoutez l'ail et laissez-le brunir pendant 30 secondes. Ajoutez les courgettes et les haricots et laissez-les prendre couleur pendant une minute environ, puis incorporez le chou chinois. Quand les feuilles de ce dernier commencent à s'amollir, ajoutez les épinards, la coriandre, le jus de citron vert, la sauce de soja et l'assaisonnement. Mélangez bien et laissez mijoter pendant 2 minutes supplémentaires.

2 Pendant ce temps, faites frire les escalopes de saumon avec le reste d'huile dans une poêle anti-adhésive pendant 1 à 2 minutes. Retournez-les sur une assiette, face grillée vers le haut, et assaisonnez-les de sel, de poivre et de jus de citron.

3 Répartissez les légumes dans quatre assiettes, dressez le saumon dessus, arrosez d'huile pimentée et servez.

Huile pimentée

Cette huile aromatisée peut être préparée à l'avance, elle se garde pratiquement indéfiniment. Utilisée à bon escient, elle relève avec bonheur de nombreux plats. Coupez 220 g de piments rouges en deux et mettez-les dans une casserole. Versez dessus 1 litre d'huile de tournesol et portez à ébullition. Laissez frémir doucement pendant 5 minutes, retirez du feu et laissez refroidir (comptez environ 2 heures). Transférez dans un récipient en plastique couvert et réservez au frais pendant 2 à 3 semaines. Filtrez ensuite votre huile pour éliminer les piments (sinon elle sera trop épicée). Conservez-la dans un flacon d'huile d'olive, en mentionnant bien « huile pimentée » sur l'étiquette.

88 Saumon rôti au fenouil, au céleri et aux olives noires

Repas sans façon
Préparation : 20 minutes
Pour 4 à 6 personnes

1 saumon entier de 1 kg écaillé et vidé, ou un morceau de saumon

quelques brins de romarin

2 gros bulbes de fenouil

4 branches de céleri

15 cl d'huile d'olive

1 jus de citron

1 cuillerée à soupe d'origan séché

3 cuillerées à soupe de persil ciselé

sel de mer fraîchement moulu et poivre noir du moulin

12 olives noires dénoyautées (facultatif)

15 cl de vin blanc sec

pommes de terre nouvelles bouillies pour servir (facultatif)

Voici une excellente façon de cuisiner un saumon entier, non seulement pour les merveilleux arômes de ce plat aux accents méditerranéens, mais aussi parce que les légumes sont cuits en même temps que le poisson. À consommer chaud ou froid.

1 Préchauffez le four à 220° C (thermostat 7).

2 Lavez le saumon à l'intérieur et à l'extérieur, en éliminant soigneusement toute trace de sang le long de la colonne vertébrale. Introduisez quelques brins de romarin dans la cavité abdominale.

3 Coupez les fenouils en deux dans le sens de la hauteur et éliminez les tiges ligneuses. Coupez les frondes vertes et réservez-les. Ôtez le cœur et émincez grossièrement le fenouil. Émincez grossièrement le céleri. Faites-les blanchir pendant 3 à 5 minutes dans de l'eau bouillante salée, puis égouttez-les.

4 Battez l'huile, le jus de citron, les aromates, le sel et le poivre dans un bol et versez cette sauce sur les légumes. Mélangez bien. Répartissez au fond d'un plat à rôtir suffisamment grand pour contenir le saumon, puis ajoutez le poisson, les olives noires (éventuellement) et le vin blanc.

5 Enfournez pendant 30 minutes, en arrosant le saumon et en remuant les légumes de temps en temps. Sortez le plat du four, couvrez-le de papier d'aluminium et laissez reposer 5 minutes. Ôtez le papier, retirez la peau du poisson et émiettez grossièrement sa chair. Servez avec les légumes et quelques petites pommes de terre bouillies.

89 Saumon grillé aux légumes rôtis et au pesto

Repas de fête
Préparation : 40 minutes
Pour 4 personnes

1 aubergine moyenne, coupée en 4 à 6 tranches dans le sens de la longueur

sel de mer fraîchement moulu et poivre noir du moulin

pesto (voir page 13)

2 à 3 cuillerées à soupe d'huile d'olive (un peu plus pour badigeonner les légumes)

1 poivron rouge long, coupé en deux et épépiné

1 poivron jaune long, coupé en deux et épépiné

220 g de pommes de terre nouvelles coupées en tranches épaisses

2 courgettes coupées en 4 tranches dans le sens de la longueur

1 fenouil coupé en quatre

1 oignon rouge coupé en six

4 pavés de saumon de 140 g

huile de tournesol

1 jus de citron

Pour obtenir les meilleurs résultats possibles avec une poêle-gril, il convient de bien la préparer. Pour cela, chauffez-la à feu moyen et humectez-la toutes les 5 à 10 minutes à l'aide d'un chiffon imbibé d'huile pendant 1 heure.

1 Mettez les tranches d'aubergine dans une passoire, salez et laissez dégorger pendant 30 minutes. Cela élimine l'excès de liquide et rend les légumes plus tendres et parfumés.

2 Diluez le pesto dans l'huile d'olive. Réservez.

3 Faites chauffer une poêle-gril. Rincez et essuyez les aubergines. Badigeonnez tous les légumes, y compris les pommes de terre, d'une bonne couche d'huile d'olive. Assaisonnez-les des deux côtés, puis faites-les revenir dans la poêle jusqu'à ce qu'ils soient tendres et colorés. Réservez et gardez au chaud.

4 Nettoyez la poêle et faites-la chauffer à nouveau sur feu moyen. Badigeonnez légèrement les pavés de saumon d'huile de tournesol et assaisonnez. Posez-les dans la poêle. Laissez-les griller pendant 2 minutes, puis faites-les pivoter à 90° pour obtenir un beau motif de croisillons. Laissez cuire encore 1 minute, puis retournez et faites de même de l'autre côté. Quand le saumon est cuit, arrosez-le de jus de citron.

5 Déposez une bonne cuillerée de légumes rôtis au centre de chaque assiette de service. Dressez les pavés de saumon, ajoutez de l'huile au pesto sur le pourtour des assiettes et servez.

90 Saumon au four aux poivrons et beignets de courgettes

Repas de fête
Préparation : 35 minutes
Pour 4 personnes

40 g de beurre

4 pavés de saumon de 140 g

1 jus de citron

sel de mer fraîchement moulu et poivre noir du moulin

4 poivrons rouge équeutés et épépinés

2 cuillerées à soupe d'huile d'olive (un peu plus pour servir)

POUR LES BEIGNETS DE COURGETTES :

3 courgettes moyennes grossièrement râpées

1 cuillerée 1/2 de sel de mer fraîchement moulu

2 œufs moyens, jaunes et blancs séparés

15 cl de crème fraîche épaisse

85 g de farine

2 oignons verts finement émincés

huile de tournesol pour la friture

Ces beignets de courgettes sont relativement riches et accompagnés d'un pavé de saumon additionné d'un poivron rôti, elles suffisent à composer un plat principal qui ne laissera pas vos convives sur leur faim. Essayez de vous procurer des poivrons « Ramiro », variété longue parfois disponible dans les supermarchés. Si les poivrons rendent du jus à la cuisson, versez-le sur le saumon.

1 Préchauffez le four à 200° C (thermostat 6).

2 Beurrez largement un plat à rôtir et ajoutez les pavés de saumon. Arrosez de la moitié du jus de citron, parsemez de noisettes de beurre et assaisonnez. Réservez.

3 Posez les poivrons sur la plaque de cuisson, badigeonnez-les d'huile d'olive et enfournez-les 20 à 25 minutes, jusqu'à ce qu'ils soient tendres et commencent à brunir. À mi-cuisson des poivrons, enfournez le saumon 7 à 10 minutes. Une fois cuits, retirez-les, couvrez-les d'un papier d'aluminium et réservez au chaud.

4 Pendant ce temps, préparez les beignets. Mélangez les courgettes râpées avec une cuillerée à café de sel et laissez dégorger 5 minutes dans une passoire. Rincez, pressez pour faire sortir l'excès d'eau et séchez sur du papier aborbant.

5 Battez les jaunes d'œufs et la crème fraîche, puis incorporez la farine pour avoir une pâte lisse. Ajoutez les oignons et les courgettes. Battez les blancs d'œufs et 1/2 cuillerée à café de sel jusqu'à ce qu'ils forment des petits pics (pas trop fermes). Incorporez d'abord une cuillerée à soupe de blancs d'œufs dans le mélange de courgettes pour l'assouplir, puis le reste délicatement.

6 Faites chauffer environ 1 cm d'huile de tournesol dans une grande poêle, jusqu'à ce qu'un petit morceau de pâte plongé dans l'huile grésille immédiatement. Déposez-y deux grosses cuillerées à soupe de pâte en veillant à les séparer et faites-les frire 3 à 4 minutes de chaque côté sur feu moyen jusqu'à ce que les beignets soient bien dorés. Égouttez-les sur du papier absorbant et gardez-les au chaud en bas du four, à côté du saumon et des poivrons. Faites frire les deux beignets restants.

7 Placez un beignet de courgette au milieu de chaque assiette de service chaude, et disposez dessus un poivron entier. Couronnez le tout d'un pavé de saumon, puis arrosez d'un trait de citron et d'un filet d'huile d'olive.

91 Saumon grillé aux petits pois, à la laitue et au bacon

Rapide et facile
Préparation : 25 minutes
Pour 4 personnes

4 steaks ou darnes de saumon de 170 g (voir pages 10-11)

65 g de beurre

sel de mer fraîchement moulu et poivre noir du moulin

260 g de dés de bacon (*cubetti di pancetta*)

2 laitues miniatures, coupées en fines lanières

20 cl de bouillon de poulet ou de légumes, ou de fumet de poisson

225 g de petits pois frais ou surgelés

2 cuillerées à soupe de crème fraîche épaisse (facultatif)

3 cuillerées à soupe de persil ciselé

jus de citron

Les petits pois, la laitue et le bacon mettent bien en valeur le goût du saumon. Voici un plat classique, qu'il convient de ne pas trop faire cuire pour préserver son caractère printanier. Vous pouvez ajouter un peu de crème fraîche aux légumes pour une version plus raffinée.

1 Préchauffez le gril pendant au moins 10 minutes. Ôtez toutes les arêtes du saumon. Faites fondre 50 g de beurre dans une petite casserole et badigeonnez-en le poisson. Assaisonnez bien. Tapissez un plat allant au four de papier d'aluminium puis enfournez le saumon sous le gril pendant 3 à 4 minutes de chaque côté (prenez garde de ne pas trop le cuire). Couvrez et réservez au chaud.

2 Pendant la cuisson du saumon, faites chauffer une poêle. Quand elle est bien chaude, ajoutez les lardons. Baissez le feu et laissez-les frire pendant 2 à 3 minutes en remuant, jusqu'à ce que la graisse commence à fondre et qu'ils prennent un peu de couleur.

3 Ajoutez les lanières de laitue et mélangez pendant une minute pour qu'elles s'imprègnent de la graisse des lardons. Versez le bouillon, assaisonnez et portez à ébullition, puis baissez le feu et laissez frémir à découvert pendant 3 minutes.

4 Ajoutez ensuite les petits pois, la crème (éventuellement) et le persil. Portez à ébullition en secouant de temps en temps la poêle, puis ajoutez le reste du beurre. Laissez frémir pendant 2 minutes, puis goûtez et ajoutez un peu de jus de citron. Servez avec le saumon grillé.

92 Pizza au saumon fumé, aux tomates et aux asperges

Repas sans façon
Préparation : 15 minutes, plus temps de repos de la pâte
Pour 2 pizzas de 23 à 25 cm de diamètre

350 g de farine (un peu plus pour poudrer le plan de travail)

15 g de levure fraîche ou un sachet de levure sèche

2 cuillerées à soupe d'huile d'olive (un peu plus pour arroser les pizzas)

une pincée de sel

POUR LA GARNITURE :

15 cl de sauce tomate fraîche, ou des quantités égales de ketchup et de purée de tomates additionnées de poivre de Cayenne

180 g environ d'asperges nettoyées, blanchies pendant 1 minute et rafraîchies

12 tomates cerises, coupées en deux

1 boule de mozzarella coupée en tranches fines

sel de mer fraîchement moulu et poivre noir du moulin

3 cuillerées à soupe de parmesan râpé

huile d'olive ou huile pimentée (voir page 123)

120 g de saumon fumé en tranches

1 piment rouge, finement émincé

Sans four à bois, vous ne réussirez jamais à restituer le goût de la vraie pizza napolitaine. Toutefois, en chauffant votre four au maximum et en préchauffant une épaisse plaque de cuisson (ou mieux, une pierre à pizza en terre cuite – disponible dans tous les bons magasins d'ustensiles de cuisine) en haut du four, vous obtiendrez une pizza de qualité qui vous récompensera de tous vos efforts. Attention : plus vous garnirez votre pizza, plus la cuisson sera longue.

1 Tamisez la farine dans un grand saladier. Ajoutez la levure (suivez les instructions figurant sur le paquet). Faites un puits au centre et ajoutez 25 cl d'eau chaude, l'huile d'olive et une bonne pincée de sel. Mélangez avec vos mains jusqu'à obtenir une pâte. Posez celle-ci sur une surface farinée, lavez et essuyez vos mains (pour que la pâte n'y colle pas). Pétrissez-la ensuite pendant 10 minutes, jusqu'à ce qu'elle devienne lisse et élastique. Elle doit être assez molle, mais si elle l'est trop, ajoutez de la farine ; dans le cas contraire, ajoutez de l'eau. Placez la boule de pâte dans un saladier huilé, couvrez avec un torchon humide et laissez lever pendant 1 heure environ.

2 Pendant ce temps, préchauffez le four à sa température maximum – le préchauffage du four et de la plaque de cuisson ou de la pierre à pizza dure 30 minutes.

3 Divisez la pâte en deux parties. Étalez-la le plus finement possible sur une surface farinée, puis placez les deux disques de pâte sur deux plaques de cuisson.

4 Étalez la sauce tomate sur les pizzas. Répartissez les tomates et les asperges sur la sauce. Ajoutez des tranches de mozzarella, assaisonnez et poudrez de parmesan. Aspergez d'huile d'olive ou d'huile pimentée. Laissez reposer 5 minutes.

5 Vous pouvez faire cuire les deux pizzas ensemble dans le four. Commencez par les cuire pendant 10 à 15 minutes, puis intervertissez les plaques, poursuivez la cuisson pendant 10 minutes et servez immédiatement après les avoir garnies de saumon émietté et de piment rouge. Si vous utilisez une pierre à pizza, vous devrez les faire cuire l'une après l'autre. Faites glisser la pizza sur la pierre chaude le plus rapidement possible (c'est difficile, surtout si la pâte n'est pas assez farinée). Enfournez pendant 15 à 20 minutes, puis remplacez par la seconde pizza. Mangez la première sans attendre que la seconde soit prête.

93 Chaussons de saumon aux épinards et à la feta

Repas sans façon
Préparation : 45 minutes
Pour 4 personnes

400 g de feuilles d'épinards

sel de mer fraîchement moulu et poivre noir du moulin

un peu de noix muscade râpée

le zeste et le jus de 1/2 citron

8 grandes feuilles de pâte phyllo

4 pavés de saumon de 140 g

175 g de feta, émiettée

beurre fondu

salade verte, pour servir

Ce plat doit son succès au contraste de ses textures : sous une pâte croustillante, on trouve le moelleux et le fondant du fromage, des épinards et du saumon. Il peut être préparé à l'avance et réservé au réfrigérateur jusqu'au moment de mettre les chaussons au four.

1 Préchauffez le four à 220° C (thermostat 7).

2 Faites cuire les feuilles d'épinard avec 2 cuillerées à soupe d'eau jusqu'à ce qu'elles soient tout juste ramollies. Égouttez-les bien et essuyez-les pour éliminer toute trace d'humidité. Hachez-les grossièrement et assaisonnez de sel, de poivre et de noix muscade. Ajoutez le zeste et le jus de citron.

3 Posez deux feuilles de pâte phyllo l'une sur l'autre (réservez les autres sous un torchon humide) et déposez un pavé de saumon à un tiers environ d'un des plus petits côtés. Couvrez-le avec un quart des épinards, lissez doucement, puis ajoutez un quart de la feta. Repliez le petit côté de la pâte sur le saumon, rabattez les longs côtés vers l'intérieur, puis faites rouler le saumon sur lui-même sur toute la longueur pour former le chausson. Badigeonnez de beurre fondu et posez sur une plaque de cuisson. Faites de même avec le reste des ingrédients pour préparer quatre chaussons en tout.

4 Enfournez pendant 15 minutes jusqu'à ce que la pâte soit dorée et croustillante et servez immédiatement avec une salade verte bien assaisonnée.

94 Saumon poché en salade

Rapide et facile
Préparation : 10 minutes
Pour 2 personnes

120 g de jeunes feuilles de salade

25 g de feuilles de roquette et de basilic mêlés

50 g de petits pois frais ou surgelés, cuits

2 filets de saumon de 140 g

1 jus de citron

1 avocat bien mûr, pelé, dénoyauté et coupé en dés de 1 cm

6 tomates cerises, coupées en deux

1 petite carotte, pelée et débitée en lanières

sel de mer fraîchement moulu et poivre noir du moulin

2 cuillerées à soupe d'huile d'olive extra vierge

2 cuillerées à café de vinaigre balsamique

Une salade digne de ce nom doit comporter un bon mélange de feuilles de différentes couleurs et saveurs – sucrées, amères et poivrées. Ajoutez à cela un peu de croquant avec les carottes et les petits pois, et des textures plus moelleuses avec les tomates et les avocats (qui doivent tous deux être bien mûrs). Cette salade ne nécessite que le plus simple des assaisonnements – une bonne vinaigrette, du jus de citron, du sel et du poivre fraîchement moulus.

1 Commencez par préparer la salade. Mettez les feuilles de salade et d'aromates dans un récipient de faible profondeur. Ajoutez les petits pois, couvrez et réservez au réfrigérateur jusqu'au moment de servir.

2 Mettez les filets de saumon dans une casserole peu profonde et couvrez d'eau. Ajoutez le jus de citron et portez doucement au point d'ébullition. Laissez frémir pendant 4 minutes, jusqu'à ce que le saumon soit tout juste cuit. Égouttez-le et disposez chaque filet sur une assiette de service.

3 Sortez la salade du réfrigérateur, ajoutez l'avocat, les tomates et les lanières de carotte, puis salez et poivrez. Arrosez avec l'huile d'olive et le vinaigre balsamique, puis remuez pour bien répartir l'assaisonnement. Ne noyez pas votre salade de vinaigrette : les feuilles doivent être juste humectées. Répartissez dans les deux assiettes de saumon et servez.

95 Saumon poché à l'huile d'olive, au céleri-rave et au jambon

Repas de fête
Préparation : 30 minutes
Pour 4 personnes

huile de tournesol pour la friture

4 tranches de jambon de Parme

70 cl d'huile d'olive

4 filets de saumon de 140 g

POUR LA PURÉE DE CÉLERI :

220 g de céleri-rave

25 g de beurre

2 à 3 cuillerées à soupe de lait

sel de mer fraîchement moulu et poivre noir du moulin

Il peut sembler un peu extravagant de faire pocher du saumon dans l'huile d'olive, mais ce mode de cuisson permet d'obtenir des filets d'une saveur et d'une texture incomparables. Si vous conservez votre huile au réfrigérateur et vous en resservez plusieurs fois, la recette ne sera pas ruineuse. La purée de céleri possède un goût qui complète parfaitement celui du saumon poché. Une tranche de jambon de Parme croustillante pour couronner le tout, et vous avez là un véritable plat gastronomique.

1 Pelez les céleris et coupez-les en gros morceaux. Faites-les cuire dans de l'eau bouillante salée pendant 15 à 20 minutes, jusqu'à ce qu'ils soient bien tendres. Égouttez bien, puis mettez le céleri encore chaud dans le bol d'un robot ménager avec le beurre et le lait, et mixez pendant 3 à 4 minutes pour obtenir une purée lisse. Assaisonnez. Cette purée peut être préparée la veille et réchauffée à feu doux avec une noix de beurre.

2 Versez 2 cm d'huile de tournesol dans une casserole de taille moyenne ou dans une friteuse électrique et chauffez-la à 180° C (utilisez un thermomètre si nécessaire). Faites frire les tranches de jambon de Parme, deux par deux, pendant environ 30 secondes, jusqu'à ce qu'elles soient croustillantes. Égouttez-les sur du papier absorbant et réservez.

3 Versez l'huile d'olive dans une casserole de taille moyenne et chauffez-la à 50° C (utilisez là encore un thermomètre si nécessaire). Ajoutez les filets de saumon – l'huile doit les couvrir entièrement. Faites-les pocher à cette température (pas plus) pendant 10 à 12 minutes suivant leur épaisseur. Égouttez sur du papier absorbant.

4 Pendant ce temps, faites réchauffer la purée de céleri. Pour servir, déposez une bonne cuillerée de purée au centre de chaque assiette, dressez dessus un filet de saumon et couronnez le tout d'une tranche de jambon de Parme.

96 Saumon gratiné sauce vierge

Repas sans façon
Préparation : 20 minutes
Pour 4 personnes

350 g de cantal râpé

9 cl de lait

2 cuillerées à soupe de farine

25 g de chapelure fraîche

1 cuillerée à café de poudre de moutarde

quelques gouttes de sauce Worcestershire

sel de mer fraîchement moulu et poivre noir du moulin

1 œuf entier battu avec un jaune d'œuf

4 filets de saumon fumé de 120 g

sauce vierge (voir page 14)

Une recette originale, dans laquelle la saveur du fromage le dispute à celle du saumon fumé. Utilisez du cheddar bien fait, et de bonne qualité. Tout ce qui vous manque pour compléter ce plat est une bonne cuillerée de sauce vierge (voir page 14). Terminez en passant votre saumon sous le gril pour obtenir une belle croûte dorée. Les quantités indiquées ci-contre permettraient de faire gratiner 12 filets de poisson, mais le mélange se garde plusieurs jours au réfrigérateur et peut être utilisé sur bien d'autres aliments.

1 Mettez le cantal dans une casserole et ajoutez le lait. Faites fondre lentement le fromage sur feu doux, sans le laisser bouillir.

2 Quand le mélange est lisse, ajoutez la farine, la chapelure, la moutarde et quelques gouttes de sauce Worcestershire. Laissez cuire quelques minutes sur feu doux en remuant, jusqu'à ce que le mélange se détache des bords de la casserole. Ajoutez l'assaisonnement et les œufs battus, puis laissez refroidir et réservez au réfrigérateur pendant une heure ou deux.

3 Préchauffez le four à 180° C (thermostat 4) et le gril à température moyenne. Disposez les filets de saumon dans un plat beurré allant au four. Sortez le mélange au fromage du réfrigérateur et étalez sur chaque filet 1 cuillerée à soupe bombée de cette mixture, en épousant bien sa forme. (Gardez le reste au frais dans un sac en plastique pour une autre préparation.)

4 Enfournez le saumon pendant 5 à 7 minutes, puis glissez-le sous le gril jusqu'à ce que sa surface soit d'un beau brun doré. Servez avec de la sauce vierge.

97 Saumon mariné à l'orange et à la coriandre

À préparer à l'avance
Préparation : 20 minutes
Pour 6 personnes en entrée, 4 pour un plat principal

15 cl d'huile d'olive (un peu plus pour la cuisson)

4 filets de saumon de 170 g, sans la peau

1 cuillerée à soupe de graines de coriandre

6 oignons verts, émincés

3 gousses d'ail, finement émincées

2 piments rouges, épépinés et émincés

3 feuilles de laurier fraîches

2 cuillerées à soupe de coriandre ciselée

le zeste et le jus d'une orange

3 cuillerées à soupe de vin blanc sec

3 cuillerées à soupe de vinaigre de vin blanc

sel de mer fraîchement moulu et poivre noir du moulin

salade verte et pain frais pour servir

Dans les pays hispaniques, ce plat est connu sous le nom d'escabeche, ce qui signifie « poisson mariné ». Le poisson est habituellement poudré de farine et frit avant d'être mis à mariner dans un mélange d'huile d'olive, de vinaigre, d'aromates et d'épices. Il s'agit ici d'une recette simplifiée, dans laquelle le saumon est frit sans farine ; son goût et son aspect n'en sont que meilleurs ! Servez-le à température ambiante et non dès qu'il sort du réfrigérateur. Au lieu d'utiliser des feuilles de coriandre, vous pouvez préférer la marjolaine ou l'origan, ou même de l'origan congelé.

1 Badigeonnez d'huile d'olive une poêle anti-adhésive et faites-y frire le saumon pendant 3 à 4 minutes de chaque côté, jusqu'à ce qu'il soit cuit à point. Retirez les filets de la poêle et disposez-les sur une seule couche dans un plat non métallique.

2 Nettoyez la poêle et faites frire à sec les graines de coriandre jusqu'à ce qu'elles commencent à libérer leurs arômes. Retirez-les de la poêle et écrasez-les légèrement.

3 Mélangez les graines de coriandre avec tous les autres ingrédients, et versez-les sur le saumon. Couvrez d'un film plastique et laissez mariner au réfrigérateur pendant au moins 12 heures. Servez à température ambiante avec deux cuillerées à soupe de la marinade, quelques feuilles de salade verte et du pain bien frais.

98 Saumon cajun et salade de concombres

Repas sans façon
Préparation : 20 minutes
Pour 6 personnes

6 filets de saumon de 170 g, avec la peau

3 cuillerées à soupe de paprika

1 cuillerée à soupe de piment séché en flocons

1/2 **cuillerée à soupe de thym émietté**

1/2 **cuillerée à soupe d'origan émietté**

1 cuillerée à café de poivre noir en grains

1/2 **cuillerée à café de graines de cumin**

2 cuillerées à café de sel de mer fraîchement moulu

3 cuillerées à soupe d'huile d'olive

POUR LA SALADE DE CONCONBRE :

2 concombres

1 grosse gousse d'ail finement hachée

1 cuillerée à soupe de jus de citron ou de citron vert

1 poivron rouge long, épépiné et finement émincé (facultatif)

2 cuillerées à soupe de coriandre ciselée

Tout l'intérêt de ce plat réside dans le contraste entre la saveur épicée du poisson et la fraîcheur croquante de la salade de concombres. Ne soyez pas effrayé par les nombreux ingrédients de la sauce : celle-ci se conserve très bien au réfrigérateur dans un récipient hermétique pour des usages ultérieurs.

1 Entaillez la peau du saumon à l'aide d'un couteau aiguisé et réservez.

2 Mettez le paprika, le piment, le thym, l'origan, le poivre noir en grains, les graines de cumin et le sel dans un mortier ou dans un moulin à café et réduisez-les en poudre. Répandez celle-ci au fond d'une grande assiette.

3 Badigeonnez la peau du poisson avec un peu d'huile d'olive et passez chaque filet, côté peau, dans le mélange d'épices, en vous assurant que chaque morceau de poisson est poudré de manière uniforme.

4 Pelez les concombres, coupez-les en deux dans le sens de la longueur et ôtez les graines à l'aide d'une petite cuiller. Détaillez-les en longues lanières à l'aide d'un couteau économe, puis laissez-les dégorger dans un torchon propre. Réservez au réfrigérateur.

5 Faites chauffer un gril en fonte. Lorsqu'il est bien chaud, ajoutez un peu d'huile d'olive, puis le saumon, peau vers le bas. Laissez cuire sur feu moyen pendant environ 5 minutes, jusqu'à ce que la peau soit croustillante. Badigeonnez le dessus avec un peu d'huile d'olive, retournez le poisson et faites griller 2 à 3 minutes supplémentaires. Posez le saumon sur une plaque froide afin d'interrompre la cuisson.

6 Ajoutez l'ail, le jus de citron, le piment (éventuellement), les feuilles de coriandre ciselées et une pincée de sel au concombre et mélangez bien. Disposez un peu de salade de concombres au centre de chaque assiette, dressez dessus les filets de saumon et aspergez le pourtour d'un peu d'huile d'olive.

99 Tortillas au saumon et au guacamole

Repas sans façon	
Préparation : 15 minutes	
Pour 4 personnes	

350 g de filets de saumon d'épaisseur moyenne, débités en médaillons (voir pages 10-11)

crème fraîche aigre

citrons verts (facultatif)

POUR LE GUACAMOLE :

2 avocats bien mûrs, coupés en deux, pelés et dénoyautés

le jus de 1 à 2 citrons verts

1/2 oignon râpé ou 1 gousse d'ail pressée avec un peu de sel

1 piment vert épépiné et très finement émincé

2 cuillerées à soupe de coriandre ciselée (plus quelques feuilles pour décorer)

sel de mer fraîchement moulu et poivre noir du moulin

POUR LES TORTILLAS :

1 cuillerée à soupe de sel

225 g de farine

2 cuillerées à soupe d'huile végétale

15 cl d'eau chaude

Voici une recette très simple qui sera d'autant plus facile à réaliser si vous utilisez des tortillas prêtes à l'emploi – elles seront toutefois moins bonnes que si vous les préparez vous-même. Il est essentiel d'acheter des avocats bien mûrs. Vous pouvez remplacer la crème aigre par de la crème fraîche ordinaire ou par de la crème fouettée additionnée de jus de citron.

1 Mettez tous les ingrédients du guacamole dans un saladier, écrasez-les grossièrement à la fourchette et réservez.

2 Mettez les ingrédients des tortillas dans le bol d'un robot ménager avec 15 cl d'eau chaude et mixez pendant 1 minute, jusqu'à ce qu'ils soient juste mélangés. Pétrissez ensuite la pâte obtenue jusqu'à ce qu'elle soit lisse. Divisez-la en huit morceaux, façonnez-les en forme de boulettes et réservez sous un torchon humide.

3 Étalez chaque boule de pâte sur une surface farinée, de façon à obtenir des disques d'une grande finesse (leur diamètre doit être de 23 cm environ). Empilez-les en intercalant des feuilles de papier parchemin pendant que vous faites chauffer une grande poêle à fond épais. Faites cuire les tortillas pendant 1 minute de chaque côté – il est temps de les retourner lorsque de petites boursouflures apparaissent à la surface. Posez-les sur un torchon propre pour les garder au chaud.

4 Faites frire les médaillons par petites quantités dans une poêle anti-adhésive, pendant 1 minute environ. Servez-les directement dans la poêle, accompagnés des tortillas, du guacamole, d'un bol de crème aigre, de feuilles de coriandre et de quartiers de citron vert. Chaque convive roulera lui-même ses tortillas.

100 Médaillons de saumon à la marmelade d'épices

Repas de fête
Préparation : 40 minutes pour la marmelade
Pour 4 personnes

350 g de filet de saumon débités en médaillons (voir pages 10-11)

jus de citron

sel de mer fraîchement moulu et poivre noir du moulin

4 cuillerées à soupe de crème fraîche ou de crème aigre et une poignée de feuilles de roquette

POUR LA MARMELADE :

1 oignon rouge moyen, finement émincé

2 gousses d'ail finement hachées

1 cuillerée à café de coriandre en poudre

2 cuillerées à soupe d'huile d'olive (un peu plus pour la friture)

2 poivrons rouges, épépinés et émincés ou débités en lanières

2,5 cm de racine de gingembre, pelée et finement râpée

2 piments rouges longs, finement émincés (avec les graines)

10 cl de vinaigre de vin rouge

40 g de sucre brun en poudre

Ce plat présente une combinaison inédite de saveurs aigres et douces, de sucré et de salé. La marmelade constitue la partie la plus compliquée de la recette, mais elle peut être préparée à l'avance et le travail reste relativement simple. Le secret de la réussite est de bien saisir les médaillons de saumon, afin qu'ils soient croustillants à l'extérieur et tendres à l'intérieur. La crème fraîche apporte à la fois son acidité et un agréable contraste de température.

1 Pour préparer la marmelade, faites fondre l'oignon, l'ail et la coriandre en poudre dans l'huile d'olive pendant 5 minutes environ. Ajoutez les poivrons rouges, le gingembre et les piments et laissez cuire sur feu doux pendant 10 minutes, jusqu'à ce que les légumes soient tendres. Ajoutez le vinaigre et le sucre et laissez frémir doucement pendant 20 minutes en remuant de temps en temps. Vous devez obtenir un mélange épais, de la consistance d'une confiture.

2 Faites chauffer une grande poêle. Lorsqu'elle est très chaude, ajoutez une cuillerée d'huile, puis faites frire les médaillons par petites quantités pendant 1 à 2 minutes, sur une face seulement. Posez-les petit à petit sur une plaque de cuisson et assaisonnez-les de jus de citron, de sel et de poivre.

3 Disposez quelques médaillons au centre de chaque assiette et répartissez la marmelade autour. Décorez d'une cuillerée de crème fraîche et de feuilles de roquette.

Les folios en *italique* renvoient aux illustrations.

Édition originale
Première édition publiée par BBC Worldwide Ltd, 2000
Titre original : Nick Nairn's top 100 Salmon recipes

Édition française
Traduction : Marie-Claire Seewald
Adaptation et réalisation : Brigitte Brisse et Thomas Winock

ISBN : 201236830-1
23-27-6830-6-01
Dépôt légal : Mars 2004

Imprimé à Singapour par Tien Wah Press Pte.

Remerciements :
L'éditeur tient à remercier Hélène Navarre pour son aide précieuse.